이병주 역사 기행

이병주 역사 기행

초판 1쇄 인쇄_ 2014년 9월 10일
초판 1쇄 발행_ 2014년 9월 20일

지은이_ 이병주

엮은이_ 김윤식·김종회

펴낸곳_ 바이북스
펴낸이_ 윤옥초

책임편집_ 문아람
편집팀_ 도은숙, 김태윤
책임디자인_ 김미란
디자인팀_ 이민영, 이정은
ISBN_ 978-89-92467-88-9 03810

등록_ 2005. 07. 12 | 제 313-2005-000148호

서울시 마포구 양화로78 서교빌딩 1003호
편집 02)333-0812 | 마케팅 02)333-9077 | 팩스 02)333-9960
이메일 postmaster@bybooks.co.kr
홈페이지 www.bybooks.co.kr

책값은 뒤표지에 있습니다.

바이북스는 책을 사랑하는 여러분 곁에 있습니다.
독자들이 반기는 벗 - 바이북스

이병주 역사 기행

김윤식·김종회 엮음

바이북스

일러두기

1. 본문은 《길따라 발따라》(이병주, 행림출판사, 1984)에서 발췌했다.
2. 집필 당시의 내용을 그대로 살리되 편집상의 오류를 바로잡고 기본 맞춤법은 오늘에 맞게 수정했다. 다만 인지명, 서명, 식물명 등은 원문의 것을 그대로 살리되, 독자의 이해를 위해 현대식으로 표기하거나 현대식 표기를 병기한 경우도 있다.

| 차례 |

허난설헌 무덤에서 _8
정기룡 장군 _21
이규보 _33
남이 장군 _46
서거정 _58
정도전 _70
정약전 _82
홍계남 장군 _93
최익현 _104
김만중 _126

작가 연보 _137

이병주 역사 기행

허난설헌 무덤에서
-400년 전에 우뚝 솟은 여류

역사를 빛낸 여성들에겐 당연히 관심을 가지는 것이지만, 그러한 가운데서도 나는 허난설헌에게 보다 깊은 애착을 느낀다. 먹구름 사이에 깜박 빛나는 별을 보는 것 같은 감회, 황량한 들에 한 떨기 꽃을 발견한 감동이다.

갑산으로 귀양 가는 오빠 허봉을 그리며 썼다는 시,

강물은 가을 기슭에 잔잔하고
구름 속으로 석양은 지려는데
서릿바람과 더불어 기러기는 떠난다.
임아, 그 걸음이 어떠할까.

이처럼 정감을 노래할 줄 아는 여인에게 어찌 애착의 마음을 갖지 않을 수 있을까.

작년엔 딸을 잃고
금년에 아들을 여의어
슬프다, 이 광릉廣陵의 땅에
쌍분을 세울 줄이야.

하고 비통한 어머니의 마음에 어찌 눈물을 흘리지 않을 수 있을까.

물론 그녀에 대한 애착은 이 두 개의 시편에만 비롯된 것은 아니다. 가난하고 불행한 여자를 읊은 시는 고난의 체험을 주옥으로 엮은 두보의 시를 방불케 해 애절하며, 〈유선사〉, 〈동선요〉에 번뜩이는 환상은 19세기 프랑스의 상징파 시인들을 연상케 한다. 〈규원〉, 〈추한〉을 수놓은 섬세한 여심은 실로 천의무봉한 서정을 이루었다.

이러한 천재가 27세에 요절한 것이니 만당(시의 발달을 기준으로 나눈 당나라 역사의 네 시기 가운데 마지막 시기)의 시인 육구상의 다음과 같은 말이 뇌리를 스치는 것도 오히려 당연한 일이다.

"시인의 궁액은 그들이 천기를 폭로하고, 조화의 비밀을 발설한 때문의 벌이다. 그런 까닭에 이하는 요절하고 맹교는 궁박했다……."

우리 난설헌도 이렇게 보면 그 천의무봉한 재질의 탓으로 요절한 것이다.

그녀는 이미 자기의 요절을 예감하고 있었던 것 같다.

"부용의 꽃 삼구三九 송이 붉은 채 서리 찬 달밤에 떨어진다 芙蓉三九朶 紅墮月霜寒"라고 읊은 적이 있다. '삼구'란, 즉 27을 뜻한다.

내가 난설헌의 무덤을 찾아볼 작정을 한 것은 김용숙 씨의 저서, 《이조여류문학 및 궁중풍속의 연구》 가운데 난설헌의 무덤이 경기도 광주군 초월면 요수산에 있다고 되어 있었기 때문이다.

그 앞에 읽은 이 모 씨의 기록엔 "난설헌의 무덤이 어디에 있는지조차 모른다"라고 되어 있었고, 김동욱 씨의 기록엔 "광주군 초창면 요수산"이라고 나와 있어 찾아본 일이 있는데, 광주군엔 초창면도 요수산도 없다는 것을 알고 단념한 적이 있었다.

광주군 초월면이면 서울에서 한 시간이면 갈 수 있는 곳이다. 그런데 초월면에 가서 이곳저곳 물어보았지만 아는 사람이 없었다. 요수산을 아는 사람도 없었다. 초월면만 해도 크고 작은 산이 첩첩한 곳이다. 요수산을 모르곤 어떻게 할 도리가 없었다.

그러던 차 우연한 기회, 도평리에 도기 공장을 가지고 있는 분에게 지나가는 말로, 난설헌의 무덤을 찾고 있다고 했더니 뜻밖에도 그분이 그 소재를 알고 있었다.

도예를 여생의 낙으로 삼고 있는 그분이 난설헌의 무덤을 알고 있다는 사실은 놀랍기도 하고 우선 반가웠다. 며칠 후 나는 그분의 안내로 난설헌의 무덤을 찾아가서 잠깐 동안 앉았다가 돌아왔다. 감격적인 만남이었다. 작년 여름에 있었던 일이다.

지난 4월 27일, 나는 난설헌의 무덤을 두 번째 찾았다. 이 글을 쓰기 위한 목적도 있었지만 다시 한 번 그곳엘 가봤으면 하는 소망이 있었기 때문이다.

경기도 광주읍에서 산업 도로를 이천 쪽으로 1킬로미터쯤 자동차로 달리면, 오른편 산허리에 무명 도공을 기념하는 비가 서 있다. 그 비가 있는 고개를 넘어 100미터쯤 내려가면 왼쪽에 도평리로 통하는 길이 트인다. 그 길에 접어들어 강을 오른편으로 끼고 산허리를 돌면 갈림길이 나온다. 갈림길 옆에 '도평요'라고 새긴 돌이 있다. 그 돌을 오른편으로 보고 100미터쯤 가면 작은 고개가 있다. 그 고개를 넘어서면 다시 강줄기를 만난다.

팔당으로 흐르는 그 강줄기를 오른편으로 하고 2킬로미터쯤을 가면 돌다리가 나오는데, 그 돌다리를 건너 1킬로미터쯤 가면 왼편 산비탈에 자리 잡은 지월리에 이른다. 마을 앞 들길을 걸어 다시 500미터쯤을 가면 왼편에 산이라고 하기보단 조그마한 동산이 나타난다. 그 동산이 바로 난설헌의 무덤이 있는 곳이다. 김용숙 씨는 요수산이라고 했지만 경수산이 정확한 이름이다. 무슨 까닭으로 김용숙 씨나 김동욱 씨가 요수산이라고 했는지 알 수가 없다. 경수산을 요수산으로 잘못 적은 것인지 요수산이란 별칭이 있는 것인지 확인하진 못했다.

큰 나무라곤 없고, 관목류와 풀만으로 앙상하게 비탈진 언덕에 석물을 끼운 무덤이 띄엄띄엄 산재하고 있다.

개나리와 진달래는 이미 지고, 볼품없이 바랜 안개꽃이 동산 들머리에 보였고, 묘역 가까이에 할미꽃과 말꽃이 피어 있었다.

난설헌의 무덤은 동산 중허리에 있다. 그 무덤을 중심으로 5미터쯤 위엔, 비문의 내용으로 봐서 난설헌의 시조부인 김홍도의 묘가 있고, 좌상 7미터의 거리에 시아버지 김첨의 묘가 있다. 역시 7미터쯤의 왼편, 그러니까 김첨의 묘 아래쪽엔 난설헌의 남편 김성립의 묘가 후처 남양 홍 씨와 부장祔葬되어 있다. 그리고 난설헌의 무덤, 바로 아래쪽 5미터 떨어진 곳에 시동생, 즉 김성립의 아우인 김정립이 부인 해주 정 씨와 합장된 묘가 있다.

난설헌의 묘를 제외하곤 모두 합장묘다. 남편 김성립이 전처의 무덤을 지척에 두고 후처와 합장되어 있는 것은 난설헌과의 사이엔 후사가 없고 남양 홍 씨와의 사이에 후사가 있었던 까닭인지 모른다. 그건 그렇고, 기록에 의하면 김성립은 난설헌이 죽은 3년 후 임진왜란 와중에 왜병의 칼에 죽었다고 되어 있는데, 그렇다면 남양 홍 씨는 결혼 2~3년 만에 과부가 된 셈이다. 난설헌의 팔자도 그렇거니와 남양 홍 씨의 팔자도 그다지 좋은 것은 아니다.

그곳에 있는 무덤은 대개 정동향인데, 김성립의 무덤만은 동북간방東北間方으로, 난설헌의 무덤에서 볼 땐 약간 고개를 돌린 느낌이다.

외면한 자세라고 보는 것은 내 마음의 탓일 것이다.

네 개의 무덤 모두 상석을 비롯한 석물에 끼인 이끼로 보아 몇백 년의 풍상을 짐작게 했다. 보통의 경우 임진왜란 당시의 무덤은 거의 산일되었다고 하는데, 그처럼 무덤을 보전하고 있는 것을 보니 안동 김씨의 조상에 대한 예법을 알 것 같은 기분이 들었다.

난설헌 무덤 옆엔 새 비가 세워져 있었다. 표면은 '증정부인 양천 허 씨 묘'라고 되어 있고 좌·우면과 뒷면엔 이숭녕 씨의 문장으로,

굴종만이 강요된 질곡의 생활에 숨 막혀 자취도 없이 왔다가 간 이 땅의 여성들 틈에서도 부인은 정녕 우뚝하게 섰다.

라고 시작된 비명이 새겨져 있었다.

건립한 연월은 1978년 3월. 건립자는 14세손 김정호.

무덤 옆에 풀을 깔고 앉았다.

왼쪽으로 산을 끼고 강이 흐르고 있다. 그 강을 따라 좁다란

들이 트인 한군데 마을이 있다. 옛날엔 초가의 취락이었을 테지만 지금은 양철 지붕이 태양을 반사하고 있는 것이 멀리서도 보였다. 뒤에 안 일이지만 그 마을의 이름은 서하리. 해공 신익희 선생이 나고 유년기를 보낸 곳이라고 했다.

그 마을 건너편이 또 산. 산, 산, 산 가운데 강물은 지세에 따라 굴곡하고 그 언저리에 좁다란 들이 누비고 있는 한촌의 풍경이었지만 봄날의 정서가, 산불고 수불심山不高 水不深이란 《삼국지》적 표현을 상기케 했다.

나무 한 그루 없는 묘역 자체는 쓸쓸했지만 주위의 조망으로 봐서 난설헌의 무덤은 좋은 자리를 잡았다고 할 수 있을 것이다.

27세의 나이로 난설헌이 죽은 것은 1589년의 3월 19일. 지금이 1983년이니 아득히 394년이 흘러간 옛날이다. 400여 년 전의 일들을 재구성해보는 마음이 될 수밖에 없었다.

난설헌의 문학을 생각한다는 것은 새삼스러운 일이다. 흥미가 있는 것은 그녀를 둘러싼 인간관계다. 난설헌의 아버지는 경상감사와 부제학을 역임한 학자 허엽. 허엽은 3남 2녀를 두었다. 첫딸은 동인東人의 영수 우성전에게 출가했다. 그다음이 성. 임진란 직전 통신사의 서장관으로 일본엘 다녀오고 만년엔 이조판서에까지 이르렀다. 이 남매가 전처의 소생이고, 봉, 난설헌, 균 삼 남매는 후처의 소생이다. 전처 소생, 후처 소생 할 것 없이 형제자매간의 우애는 다시없이 좋았다고 한다.

허성은 물론이고, 허봉, 허균 모두 출중한 재사다. 난설헌으로 말하면 남자의 신동 김시습과 대칭으로 여자의 신동으로서 평가되었다고 하니, 가히 허씨 집안의 다복한 분위기를 짐작할 수가 있다.

이처럼 한 가정에 재사와 재원이 태어난 예를 우리는 송나라 소동파의 가정에서 볼 수가 있다. 소동파는 그 아버지와 동생과 더불어 삼소三蘇라고 불렸다. 아버지 소순을 노소老蘇, 동파를 대소大蘇, 동생 소철을 소소小蘇라고 해 중국 문학사는 희귀한 예라고 해서 이상 삼부자의 문학적 업적을 찬양하고 있는데, 동파의 누이동생도 남자 형제에 못지않은 문재를 가지고 있었다는 기록이 있다. 약 500년의 시간을 전후하고 중국과 조선에 일가 총 천재의 기적이 나타난 셈이다.

물론 이런 예가 달리 없었을 까닭은 없지만, 아버지를 끼어 그 아들들과 딸 모두가 선명하게 그 이름과 업적을 역사에 새겨놓은 사례는 극히 드물다고 할 것이다.

허성은 원만한 인격자였다. 그런데 봉과 균은 이상적異常的인 기질의 소유자였다는 것이 기록으로써 밝혀져 있다. 봉이 유배 생활 끝에 객사하고 균이 형사하게 된 것은 정세의 탓이기에 앞서 기질의 탓이다.

난설헌에게도 이런 기질이 있었을 것으로 짐작할 때, 종래 평자들의 의견과는 다른 해석이 가능할지 모른다. 만일 난설헌의 가정생활이 통설처럼 불행한 것이었다면, 그 원인은 대부분 난설헌의 기질에 있었을 것이라고. 강한 자존심은 상하기 쉬운 마음이기도 하다. 난설헌의 요절은 병약의 탓이겠지만, 그리고 그리던 오빠 봉의 객사가 준 충격이 결정적 원인이 아니었던가도 싶다.

봉은 난설헌이 죽기 반년 전에 금강산에서 객사한 것이다.

보다도 내게 흥미가 있는 것은 허균이다. 허균은 무엇보다도 《홍길동전》의 작자로서 길이 기억될 인물이다. 《홍길동전》은 《춘향전》과 더불어 쌍벽을 이룬 민족 문학이다. 우리 국민 가운데 철이 든 사람으로서 홍길동을 모르는 사람은 없다.

뿐만 아니라 허균은 우리의 한문학사가 빠뜨릴 수 없는 많은 작품을 남기기도 했다. 이를테면 일대-代의 귀재였던 것이다.

그는 적서의 차별이 심해 서자의 등용을 허락하지 않은 당시의 제도와 풍조에 단연 항거한 사람이다.

드디어는 세상을 변혁해야 한다는 사상을 품고 은밀히 동지를 규합, 쿠데타의 계획까지 꾸몄다.

그 음모가 발각되어 많은 동지가 붙들려 죽었으면서도 혼자 무사했던 것은 동지들이 고문을 무릅쓰고 그의 이름을 불지 않았기 때문이다. 그만큼 그들은 허균을 아꼈다.

허균은 한동안 숨어서 살다가 스스로 호신책을 강구하는 동시, 권세를 잡아 다음 쿠데타에 대비할 목적으로 당시의 세도가 이이첨에게 접근했다.

이이첨은 허균을 경원해온 터지만 자파 세력을 굳히기 위해선 허균의 지모를 이용하는 것이 유리하다고 판단, 그를 형조 참의에 기용하도록 광해군에게 주상했다.

이때부터 허균의 타락이 시작되었다. 형조참의가 된 지 얼마 안 되어 그는 형조판서가 되었다. 이 무렵 대북파는 영창 대군을 죽인 여세를 몰고 인목 대비를 폐모할 음모를 꾸미고 있었다. 이이첨의 일당이 된 허균은 스스로 상소를 하기도 하고 남의 상소를 대필까지 해선 인목 대비 배척에 앞장을 섰다. 반대파도 만만치가 않았다.

허균의 모략도 악독한 빛을 더해갔다.

이윽고 허균의 모략이 주효해 인목 대비는 폐위되어 서궁으로 쫓겨났다. 1618년, 광해군 10년에 있었던 일이다.

그러자 이이첨이 허균을 대하는 태도가 변했다. 허균의 이용 가치가 없어졌을 뿐 아니라 정적이 될 위험성이 있었던 것이다.

허균은 불안을 느꼈다. 자기의 약점을 이이첨이 알고 있었으니 그 불안은 초조로 변했다. 그는 다시 쿠데타를 획책했다. 심복들을 모아 작전 계획을 세우는 한편, '오랑캐가 북쪽에서 쳐들어온다', '유구(일본 오키나와 일대에 위치했던 류큐국)인이 남쪽에서 쳐들어왔다'는 등의 낭설을 퍼뜨려 민심을 자극하는 책동을 벌이기도 했다.

그러는 동안, 현응민 등 몇 사람이 붙들렸다. 그로써 모든 일은 폭로되었다. 허균도 붙들려 일당과 같이 능지처참 형을 당했다. 사지가 갈기갈기 찢겨 죽은 것이다. 그날은 1618년, 광해군 10년 8월 24일이다. 그때 허균의 나이는 50세.

이런 혹형을 받았는데도 누구 하나 허균을 동정하질 않았다. 그의 이름을 들먹이기조차 꺼렸고, 그가 쓴 비문, 현판 등에서 그의 이름을 깎아버리는 소동이 잇달았다.

인조반정이 있었던 것은 그로부터 5년 후인 1623년이다. 반정이 있자 광해군 당시 역적으로 몰렸던 사람들은 모두 신원되어 복권됐는데, 허균만은 예외였다.

반정파의 원수가 바로 허균이었던 까닭이다. 그에겐 이중의 역적이란 낙인이 찍혔다. 동시에 대중의 인심도 잃었던 것은 한때 손잡으려 했던 영창 대군, 인목 대비를 배신했다는 사실로 해서 인간적인 혐오감을 유발했기 때문이다.

후일 허균의 재능을 아끼고, 그의 문장을 아쉬워하는 마음으로 그를 좋게 해석하려는 움직임이 없었던 것이 아니고, 그런 움직임을 틀렸다고 할 심정까진 아니지만 400년이 지난 오늘에 생각해도 나 자신은 허균을 납득할 수가 없다.

뻐꾸기가 울었다. 나는 여울에 비쳐 아지랑이처럼 피어오르는 햇살을 멀찍이 보며 마음속에서 물었다.

'난설헌 씨, 그때까지 살아 있어 아우의 그런 꼴을 보았더라면 당신은 무슨 생각을 했겠소!'

막막한 공산에 뻐꾸기 소리가 다시 들렸다. 난설헌의 대답을 짐작해보았다.

'그래도 나는 교산을 미워할 수가 없소. 그의 포부는 너무나 원대했던 것이오. 높은 벼슬을 하고자 했던 것이 아니고, 적서와 귀천의 차별 없이 만백성을 잘 살리려 했던 것이오.'

이렇게 난설헌의 대답을 꾸며보았지만 석연할 수는 없었다.

혁명을 하기 위해선 수단 방법을 가리지 않는다고 하지만, 그가 쓴 수단은 너무나 비루했다. 죄 없는 영창 대군, 역시 죄 없는 김제남, 그리고 불쌍한 인목 대비를 괴롭히는 편에 서선 안 되는 것이다. 그 결과 스스로를 불결하고 추악하게 만들어버리면, 혹시 어떤 거사에 성공했다고 하더라도 백성이 심복하지 않으리란 것은 《성소부부고》를 쓴 허균 자신이 더욱 잘 알고 있었을 것이 아닌가.

그는 또한 스승 이달이 천생이라고 해, 입신양명 못 하는 제도에 분격해서 스스로 불우한 친구의 벗이 될 줄도 알았던 사람이며, 유교는 정법政法과 인륜을 위한 가르침이고, 불교는 인간의 정념을 위한 가르침이라고 일찍이 갈파했던 사람이 아니었던가.

나는 다시 난설헌에게 묻고 싶은 마음이었다.

'허균 같은 천재가 그런 과오를 범한다면 인간이란 결국 우물愚物이랄 수밖에 없는 것이 아니겠소.'

역시 난설헌의 대답은 들을 수가 없었다.

나는 풀을 털고 일어서며 김성립의 무덤을 보곤 빙그레 웃었다. 공부하러 간다고 해놓곤 접接, 학교엔 가지 않고, 매일 첩妾 집에 가서 논다는 소문을 들은 난설헌이 남편에게 써 보냈다는 편지 생각이 났기 때문이다. 그 편지는 이렇다.

古之接有才
今之接無才

즉, 옛날 접(학교)엔 재才가 있었는데, 요즘의 접엔 재가 없다는 뜻이다.
접에서 재변才邊이 떨어지면 첩으로 되는 것이다.

정기룡 장군
— 신출귀몰한 정공·기습의 용병술

하동포구 팔십 리에 물결이 고와
하동포구 팔십 리에 인정이 곱소.
쌍계사 종소리를 들어보면 알 게요.
개나리도 정답게 피어줍니다.

하동 사람은 이 노래만 들으면 남녀노소 할 것 없이 애향의 정감으로 설렌다. 참으로 아름답고 반가운 노래다. 하동은 정말 아름다운 고장이다. 그리고 이 나라 어느 지방이 그러하듯이 슬픈 곳이기도 하다. 슬프니까 더욱 정답고 아름다운 고장, 그것이 고향이다.

이 노래를 지은 시인 남대우는 일경日警의 고문에 못 이겨 죽었다. 너무나 순수하다는 죄로, 너무나 나라를 사랑한다는 죄로 그가 죽은 것은 《조선일보》와 《동아일보》가 일제에 의해 폐간된 직후의 일이니 벌써 40여 년의 세월이 흐른 셈이다. 일설에 의하면 그의 시신은 하동경찰서 뒤뜰에 묻혔다고 하는데 확인할 수가 없다. 예컨대 하동은 이렇게 슬프기도 하다는 얘기다.

하동이 아름답다고 강조하는 까닭은 그곳을 고향으로 하는 내 마음의 탓만은 아니라는 것을 가보면 안다. 준엄한 지리산이 남해를 향해 무수한 지맥을 뻗었는데, 그 지맥 하나하나가 수려하다는 것은 말할 나위가 없고, 그 지맥 사이의 넓고 좁은 들 또한 아취가 넘친다. 섬진강의 백사청송, 화개골의 유수, 그 절승을 들먹이려면 한량이 없다.

신라 시대엔 한다사韓多沙란 이름을 가졌었다. 고려 때엔 진주에 속해 있었다. 조선 왕조에 이르러 하동으로 되고, 한때 남해와 합쳐 하남현으로 불린 적도 있었다. 하동은 또 청하淸河라는 이름을 가진다.

지금은 남해 고속 도로가 개통되었고 순환 열차가 있기도 해서 서울과는 일일생활권이 되었지만, 옛날엔 서울을 중심으로 보면 아득한 변방이다.

《동국여지승람》에 의하면 경도와의 거리는 187리로 되어 있다. 그야말로 1,000리 길이다. 비범한 건각健脚으로써도 10일간의 행정, 글공부에 시달린 선비들의 걸음으로썬 장장 한 달 동안의 행정이다. "학문이 어려워 과거에 오르지 못하는 것이 아니라, 행行이 어려워 과거에 오르지 못한다不是學難不登科 行難不登科"란 말이 막상 지어낸 얘기는 아닌 것이다.

서울과의 거리가 먼 지방일수록 배출된 인물이 적다는 것은 과거科擧와 관직에 중점을 두고 인물을 평가한 탓이라고 하겠으나 이에 앞서는 이유가 있을 것만 같다. 나는 그 이유를 이렇게 생각한다.

　지리산을 비롯한 심산유곡 근처에 생의 터전을 잡으려고 찾아든 사람들은 대개가 신라의 유민, 고려의 유민, 또는 그와 비슷한 처지에 있었던 사람들일 것이다. 세상이 바뀌는 바람에 그들은 권력의 영욕을 알았다.

　어제의 권신이 오늘의 역적이 될 수 있다는 것을 알았고, 시류를 따르자니 비굴을 익힐 수밖에 없다는 것도 알았다. 새로운 생의 가치를 발굴하기 위해선 명리名利를 초월해야만 했고 권력 사회를 염리해야만 했다. 그런 까닭에 중앙을 등지고 산속에 숨어 도회韜晦하게 된 것이다.

　이러한 사고방식을 이어받은 후손들이 특이한 성격, 비범한 포부, 또는 야심을 갖지 않고선 관직에 뜻을 갖지 않게 될 것은 당연한 일이다.

　지리산 주변엔 숨은 명유는 많아도 현관顯官은 적다. 이 지방을 고향으로 한 사람들이 중앙의 관계에 많이 진출하게 된 것은 조선 왕조 중엽부터 말엽에 이르러서다. 조상들의 도회 사상이 점차 희석된 때문일 것이라고 풀이할 수가 있다.

　그런 가운데서도 하동엔 이른바 국조풍國朝風의 인물이 적은데 정인지가 하동 출신이란 사실은 특기할 만한 일이긴 하나

성삼문을 위시한 사육신을 숭상하는 풍토에선 자랑할 일이 못 될지 모른다. 아무튼 정난공신까지 합쳐 사공신四功臣으로서 영의정이란 자리로 위位, 인신을 극極한 인물은 하동에선 정인지가 유일하다.

그러나 진실로 하동이 자랑할 만한 인물은 정기룡 장군이다.
지난 4월 하동군 금남면 중평리에서 춘계대제春季大祭를 올리는 동시, 신도비의 고성식告成式이 있었거니와 이 정기룡 장군이야말로 하동이 낳아 민족의 영광을 이룩한 대인물인 것이다.
그런데 정기룡 장군을 하동인이라고 하면 혹시 이견이 있을지 모른다. 《광해군일기》, 《우암집》 기타 기록에 의하면, "정기룡은 곤양인昆陽人이며 초명은 무수요, 자는 경운, 호는 매헌이며, 명종 7년, 좌찬성 호의 아들로 태어나다"라고 되어 있기 때문이다. 하지만 이 의문은 곧 풀린다. 옛 기록에 나타나 있는 곤양현 태촌은 지금 하동군 금남면에 속해 있다. 금오산을 등지고 한려 수도라고 불리는 다도해를 바라보는 위치에 있는 태촌은 분명 하동 땅이다.
《해동명장전》엔 다음과 같은 기록이 있다.

조경(경상우방어사)이 영남으로 내려가게 되자, 정기룡은 무과 출신으로 종군을 자청했다. 조경이 장군들에게 계책을 묻자 기룡이 대답해 이르길, "왜적들이 계모計謀를 쌓은 지 이미 오래고 그

군졸은 예강하며 군기는 정예한데, 우리 쪽은 오랜 태평에 훈련이 미비한 군졸들이어서 이대로 결전해선 승리를 거두기란 어렵습니다. 장마기재壯馬騎才를 뽑아서 기병으로 삼고, 기병을 배치해 전진하다가 적과 부딪치면 기병이 이를 기습한 다음, 보병이 틈을 타서 성세聲勢를 돕게 하면 승산이 있습니다. 이렇게 해서 한 번 승리를 얻으면 적은 두려운 마음을 갖게 되어 주춤할 것이며, 우리 군사는 적의 장단점을 알게 되는 동시, 사기가 오를 것이니 승리는 우리의 것이 됩니다. 이 밖엔 아무런 계책도 없습니다" 하니, 조경이 그 말을 장하게 여기고 그를 돌격장으로 삼았다.

정기룡이 처음으로 전사戰史에 등장하게 된 거창 신창의 전투와 추풍령의 전투는 자기가 말한 그대로를 실지로 행한 것이었다.

다음이 그 전투 기록이다.

조경의 돌격장 정기룡은 부하 수십 기를 거느리고 전진하다가, 적의 선봉 500여 명과 거창의 신창에서 맞부딪치게 되었다. 군사들은 겁을 내어 감히 전진하지 못했다. 정기룡이 말을 채찍질해 적진에 뛰어들어 적 수십 명을 순식간에 참살하니, 군사들도 용기를 얻어 앞을 다투어 분전하게 되어 서전을 승리로 이끌었다.

이때가 4월 23일. 이 무렵 조경과 조방장 양사준은 금산에서 적을 맞이해 싸웠으나 중과부적으로 패해 군사들은 분산되었다. 그런 것을 겨우 다시 모아 추풍령에서 적을 저지하게 되었는데 이때 정기룡이 나타나서 적중으로 들어가 적 50여 명을 죽였다. 정기룡이 적중 깊이 들어가 싸우고 있는데 적의 복병이 전투를 관망하고 있던 조경을 기습해 사로잡고 말았다. 적이 조경을 포박해 가는 것을 보자 정기룡이 날쌔게 말을 몰아 적병들을 물리치고 포로가 된 조경을 자기 마상으로 끌어올려 적의 포위망에서 탈출했다.

질풍처럼 쳐들어가 조경을 탈환해 달려오는 정기룡의 모습은 신장神將을 방불케 했다. 이에 우리 군사들의 사기도 충천해 산과 들을 메운 적군을 물리치고 무사히 황간으로 진출할 수 있었다. 이때 정기룡이 혼자 벤 적의 수급首級만으로도 100여 개가 넘었다.

《우암집》통제사 정공 신도비를 인용해본다.

조경의 별장으로 적 500명을 거창에서 대패케 하고 금산적金山賊을 종격했는데, 싸움이 바야흐로 무르익었을 때에 조경이 적에게 잡히는바 되자, 공公, 정기룡은 칼을 휘둘러 적진으로 들어가 조경을 탈취해 돌아왔다. 곤양군수 이광악이 마침 진주 싸움에 나가려 해 공으로서 가수假守, 임시 관리를 삼았는데, 이때 영남병사嶺南兵使가 된 김성일이 공에게 격문을 보냄과 동시 그를 유병장으로 삼았다가 얼마 안 되어 상주가관관으로 삼았다. 상주목사 김해는 공의 유능함을 미리 알고 있었던 터라 매사를 모두 공과 의논했다. 적이 이때에 상주성을 점령했거늘, 공은 약탈을 일삼는 적 400명을 격살하고 그 수급을 순영에 바쳤다. 또 상주성을 화공으로 쳐서 격멸했다. 이러한 사실이 상감의 귀에 들어가 공은 진판관이 되고 이어 상주목사에 임명되었다.

기록은 이렇게 간단하나 사실은 복잡다단했다. 정 장군이 상주가판관이 되었을 땐 상주는 이미 적의 수중에 있었다.

그래서 상주목사 김해는 백성들을 데리고 용화동으로 피난해 있었다. 용화동은 속리산과 화산의 중간에 있는 골짜기다.

정기룡이 가판관으로서 상주 접경에 이르렀을 때 왜병들이 용화동으로 쳐들어갔다는 정보를 들었다. 정기룡이 신속하게 행동해서 왜병의 뒤를 쫓았다.

왜병들은 벌써 용화동 어귀에 도착하고 있었다. 도가니 속의 쥐처럼 된 백성들은 처참한 운명 앞에 아비규환의 지옥을 이루고 있었다.

정기룡이 일시에 적을 자극했다간 백성들은 큰 화를 입을 것이 분명했다.

그는 양동 작전으로 적의 주의를 분산시킬 계책을 세웠다. 크게 고함을 질러 적의 주의를 끌게 해선 말 등에 서기도 하고 눕기도 하는 신기로운 재주를 부렸다가 적진 가까이로 접근하는가 하면, 순식간에 먼 곳으로 도망가고, 때론 숨기도 하는 등 은현자재의 마술馬術을 부려 적으로 하여금 그를 사로잡을 유혹을 느끼게 했다.

아니나 다를까 적 가운데 용기 있는 자들이 그를 쫓기 시작했다. 이어 정기룡을 쫓는 적의 수가 점점 불어났다. 이렇게 해서 적병을 동구 밖으로 유인한 후에 닥치는 대로 베어 놈들을 혼비백산케 했다.

덕분에 용화동의 상주 백성들은 무사할 수가 있었다. 상주목사 김해는 감격해 정 장군의 공적을 일일이 조정에 보고했다.

"정 장군이 만일 반나절만 늦게 왔더라면 우리 상주 백성은 씨도 남지 않았을 것이다."
하고 상주 사람들이 기뻐했다는 기록이 남아 있다.

다음에 그는 석공법, 화공법으로 적을 무찔러 11월 23일 드디어 상주성을 왜병으로부터 탈환했다. 이 전황을 상세하게 쓰면 《삼국지》 이상의 흥미를 자아낼지 모른다. 정공법과 기습을 곁들인 치밀한 작전 계획과 신출귀몰한 용병술, 언제나 진두에 서서 수범하는 통솔력 등은 백전백승이 우연한 일이 아니라는 것을 증명하고 있다.

이렇듯 상주와 상주 백성을 구한 정 장군을 상주가 잊을 까닭이 없다. 상주엔 그를 모신 사당 충렬사가 있고, 그가 말을 조련한 치마대가 보존되어 있고, 그가 용마를 얻었다는 용소 등 유적과 갖가지 전설이 남아 있다.

《우암집》에서 좀 더 인용해본다.

정유년에 왜노가 재침하자 구읍九邑의 관원과 가족 들을 이끌고

금오산성으로 들어가 지켰다. 체찰사 이원익이 그를 불러 대장으로 삼으매 그는 고령의 적과 크게 싸웠다. 적중에 들어가 홍색 갑의의 적장을 잡아가지고 돌아오니, 그 승리로 인해 절충장군으로 승진하고, 경상우병사가 되었다. 얼마 후 상주로부터 영을 넘어 영동에 주둔하고 있던 적을 친 다음, 공은 다시 보은, 적암에서 적과 마주쳤는데 공은 적전에 말을 세워놓고 신색자약한지라 적은 이편의 방비가 견고한 줄 알고 감히 움직이지 못했다.

때문에 호서, 영남의 피난민 수십만이 무사할 수 있었다. 가토 기요마사가 상주를 지나자 이를 추격해 많은 적을 죽였으며, 천병天兵, 명나라 군사과 같이 경주의 적을 격파했다. 명나라 장수 양경리 호가 오산에서 싸울 때 공은 그 선봉이 되었다. 그러나 천병은 후퇴하고 말았다. 공은 칼을 휘두르며 돌아오는데 적은 감히 추격하질 못했다. 이로부터 거창, 함양, 안음, 금산, 상주, 성주, 사천의 적을 연이어 격파하고 함양에서 명나라의 장수 이령이 전사하자, 그의 군사들이 공에게 속하기를 원했다. 명나라의 신종 황제는 이 말을 듣자 공을 천조, 즉 명나라의 총병관에 임명했다.

이에서 보는 바와 같이 정 장군은 연전연승의 맹장이다. 그러나 그의 활약상과 공적을 일일이 다 적을 순 없다.

임진·정유란을 통해 많은 장군이 배출됐고 많은 애국자도 있었다. 나는 그 전란을, 전문가는 아니지만 《유성의 부》란 작품을 쓰기 위해 나름대로 연구한 바 있다. 그 결과 얻은 결론은 해상에서 연전연승한 장군은 이순신 장군이며, 육상에서 연전연승한 장군은 정기룡 장군 하나뿐이란 사실이다.

전사 전문가 이현석 씨는,

> 그는 신립 등과는 달리 적정을 지당하게 파악하면서도 적에게 추종되지 않고, 선제 주동을 확보하려는 전의를 간직한 지용 겸비의 명장이었다. 그는 본 전란에 돌격장으로부터 시작해 대소 60여의 전투에 모두 이소격중以少擊衆해 한 번도 진 일이 없었으며, 마침내 삼도통제사로서 보국숭록대부에 서敍하고 권율과 이순신의 뒤를 이은 수륙 양면의 거장위재巨將偉材였다.

라고 쓰고 있는데, 나는 전적으로 동감이다.

그러나 한 가지 덧붙일 것은, 이현석 씨는 정 장군을 지용을 겸했다고 하는데 나는 지인용을 고루 갖춘 명장이라 하고 싶다.

정 장군은 전략에 있어서, 작전에 있어서, 용병에 있어서 천재였고, 솔선수범하는 용맹과 통솔력에 있어서 탁월했을 뿐만 아니라 애민愛民의 지성에 있어서 우러러봐야 할 인자였던 것이다.

당시는 전란에 의한 피폐에 곁들여 흉년의 천재가 닥쳐 굶주려 죽은 시체가 길에 깔려 있었다고 한다. 정 장군은 그 바쁜 전투의 틈에서도 이들을 도우려고 애썼다는 기록이 있다. 왜군의 진영을 습격해서 탈취한 전리품을 팔아 양곡으로 바꾸어 나눠 주기도 하고 군량을 절약해 기민들을 돕기도 했다.

여가만 있으면 둔전을 이루어 농사를 장려하고, 무너진 방축을 다시 쌓아주기도 해 수리 사업을 돕기도 했다.

그리고 무엇보다도 그가 인자라고 할 수 있는 것은 그에 대한 군졸들의 절대적인 흠모를 보면 알 수가 있다. 물론 그의 뛰어난 전술 전략에 대한 신뢰가 바탕으로 되어 있는 것이지만 부하들의 인격적인 흠모를 받지 못하는 장군이 백전백승의 성과를 올릴 까닭이 없는 것이다.

아산의 현충사가 이순신 장군의 공로에 대한 당연한 예우라면 하동 금남의 경충사도 마땅히 그와 같은 규모의 예우를 받아야 한다는 것은 결코 동향인으로서의 샘 탓으로 말하는 것은 아니다.

정 장군이 대소 60여의 전투에서 한 번도 패한 적이 없다는 것은 모든 기록에 일치되어 있다. 천하의 영웅으로서 평가되고 있는 나폴레옹은 50여 전투에서 여섯 차례는 크게 패하고 드디어는 워털루에서 일패도지해 그의 무운을 끝맺고 말았다. 그런데 우리 정 장군은 60여 전투에서 매번 진두에 섰으면서도 패하지 않고 상하지도 않고 60세의 나이로 영중에서 고종했다는 사실도 전사상戰史上 드문 일이라고 아니할 수 없다.

그런데 이상한 것은 《선묘중흥지》에 의하면, 임진·정유란의 무훈자를 선무공신으로 논공행상한 적이 있는데, 그 명단에 빠져 있다는 사실이다. 선무공신으로서 1등은 세 명, 2등은 다섯 명, 3등은 열 명으로 되어 있다.

 정 장군만이 아니라 북쪽에서 대공을 세운 정문부도 선무공신으로서의 논공행상에 빠져 있는 것이니 당시의 기록을 소상하게 챙겨 본 결과로써도 납득할 수가 없다. 조정의 공훈 처리가 인사 처리와 함께 엉망이었다는 증거처럼 느껴진다.

 그러나 정 장군은 이러한 사실에 구애하지 않을 것이다. 우리 또한 구애하지 않는다. 공로 그 자체가 빛나고 있기 때문이다.

이규보
- 절경마다 절구 남긴 시문 사랑

변산 해수욕장에서 이규보를 생각하는 것은 결코 터무니없는 노릇이 아니다. 그의 시는,

변산은 자고로 천부라고 칭한다.
邊山自古稱天府

라고 했고,

강산의 청승은 영주와 봉래에 비견할 만한데,
옥을 깎아 세운 듯하고 은을 녹여 만든 듯한 절경은 만고에 변하지 않으리라.
江山淸勝敵瀛蓬 立玉鎔銀萬古同

라고 했던 것이다.

또 전주엘 가면 건지산을 읊은 그의 시문이 있고 여주엘 가면 "홍장명미수중천紅粧明媚水中天"이란 그의 절창이 있다.

뿐만 아니라 《동국여지승람》을 펴보면 명승과 절경이 있는 곳엔 대개 이규보의 절묘한 영경詠景이 구슬처럼 점철되어 있다. 강산은 이규보로 인해 빛나고 이규보는 강산으로 인해 빛난다고 할 것인가. 아무렴, 시인 없인 강산은 침묵할 수밖에 없다기보다 무색하게 될 수밖에 없다.

이규보의 시를 이루고 있는 정치한 자연 묘사, 아울러 윤기 흐르는 심상 표현을 읽노라면, 나는 프랑스 낭만파의 시, 특히 테오필 고티에를 읽는 기분이 될 때가 있다. 800 수십 년 전의 그의 시가 그처럼 생신하고 세련된 감각에 넘쳐 있다는 얘기다.

예컨대 다음과 같은 시.

푸른 시냇물은 얼음이 부서진 거울처럼 맑고,
복사꽃 살구꽃은 붉은빛으로 물들었는데
주렴은 미풍을 받고 한들거리니
정자는 시원하게 조용하고,
재잘거리는 새소리가 졸음을 깨우도다.
쟁반 가득한 가효를 곁들여
술병을 더해가며 자꾸만 권한다.
藍翠撥溪氷破鏡 酣紅浸最生桃杏 簾越輕風凉樹靜 喃喃啼鳥呼睡醒
兼味佳看靜盤皿 添壺頻勸督嚴令

정경이 눈앞에 떠오르고 정취가 가슴에 스며드는 것 같다. 그런가 하면 이런 시도 있다.

> 소년이여! 꽃을 꽂은 이 늙은이를 웃지 마오.
> 서릿발 같은 흰머리엔들 자줏빛 붉은빛이
> 어울리지 않을 까닭이 없지 않겠는가.
> 달빛 속에서 돌아가는 길에 그림자를 보면
> 그대의 머리나 내 머리는 꼭 같은 것이니라.
> 少年莫笑揷花翁 霜鬢何妨映紫紅 春取月明歸路影 較君頭上一般同

〈주석酒席에서 소년에게 답한다〉라는 제목으로 되어 있는 이 시를 읽고, 이미 노년에 들어선 사람으로서 가슴이 설레지 않곤 배겨내지 못하리라고 생각한다. 달빛 속의 그림자를 보면 소년의 검은 머리나, 백발인 노인의 머리나 다를 바가 없는 것이다. 달빛月明을 영원상하永遠相下라고 바꿔놓으면, 인생은 수유須臾, 어제의 소년이 오늘의 노년이 되는 애절한 한 편의 인생 시다.

이처럼 주옥같은 시가 현존하는 것만으로도 2,077편이 된다는 것이니, 서거정이 그를 일러 '동방의 시호諸豪'라고 한 것도 과찬일 수가 없는 것이다.

이규보란 어떠한 인물인가.

내가 이규보란 이름과 그 존재를 안 것은 학생 시절 일본 동

경에서였다. 하시모토라고 하는 한문학자를 사택으로 찾아갔을 때의 일이다. 무슨 말 끝에선가 그가 나에게,

"이규보라고 하는 학자를 아는가."

하며, 한자로 그 이름을 써 보이며 물었다. 지금의 우리 대학생, 아니 고등학교 학생은 잘 알고 있을 테지만 그때의 나는 이규보를 몰랐다. 모른다고밖에 대답할 수가 없었다. 그랬더니 그는,

"전공은 아니겠지만, 조선 출신의 대학생이면 이규보 선생의 이름쯤은 알아야 할 것인데……."

하고, 경멸이라고까진 할 수 없으나 안타깝다는 감정이 노출된 표정을 지었다.

무안했지만 물어보지 않을 수 없었다. 이규보가 어떤 사람인가를. 그러나 그 물음엔 대답하지 않고 하시모토는 되물었다.

"소동파는 알겠지?"

당시 일본의 중학 교과서엔 소동파의 〈적벽부〉가 있었던 터라, 나는 안다고 대답했다. 그러자 그는,

"조선의 문학자로서 소동파에 견줄 만한 인물을 찾는다면 이규보 선생일 게다. 백거이를 닮은 점도 없지 않지만 소동파적 문인이라고 하는 것이 적절하다. 이규보가 소동파를 능가했다고까진 말할 수 없을지 모르나 손색이 있다고는 말할 수 없다. 조선인이 자랑할 수 있는 수많은 인물이 있겠지만 이규보는 특히 자랑할 만한 인물이다. 명색이 대학생이 그런 분을

모르다니 한심하구나. 무슨 공부를 하더라도 조선의 대학생이면 기본적인 교양으로서도 알아둘 만한 인물이다."

하고, 새로 만든 듯한 서함을 열고, 그 서함 가득한 책을 가리키며 덧붙였다.

"이게 이규보의 전집 《동국이상국집》이다."

하시모토 선생은 조선 총독부에 있는 친구를 통해 고려 때의 간본을 입수한 것이라고 하고, "내 집의 가보가 될 거다"라며 흐뭇해했다.

그때 나는 하시모토 선생으로부터 《초사》를 배우고 있었던 것인데, 그 《초사》를 집어치우고 《동국이상국집》을 공부하고 싶다고 했더니 그는,

"이왕 시작한 것이니 《초사》를 공부하고 시간이 있으면 이규보를 하자."

라며, 나의 호기심을 우선 충족시켜주기 위해 대강의 설명을 했다.

하시모토의 설명은, 정지봉의 뇌서誄書, 우수의 묘지명과 장덕순 씨의 《한국의 인물상》, 김동욱 씨의 《한국 인물사》 중에 기록된 내용 정도를 넘어서지 못하는 것이므로 여기 소개할 번거로움을 피하고자 한다. 단 얘기의 진행상 간단한 연보를 적어둔다.

· 1168년 의종 22년, 경기도 여주에서 이윤수의 아들로 태

어남.
· 1189년 명종 19년, 세 번 낙제한 후 네 번째 사마시에 1등으로 합격. 이듬해 진사시에 합격.
· 1192년 〈백운거사어록〉을 지음.
· 1193년 서사시 〈동명왕편〉을 지음.
· 1199년 신종 2년, 전주목서기가 됨.
· 1202년 경주에서 난이 있자 병마록사로서 종군.
· 1207년 희종 3년, 최충헌에게 구관운동求官運動한 결과 직한림이 됨.
· 1230년 고종 17년, 계속 미관微官으로 있다가 위도로 귀양을 감.
· 1232년 관에 복직한 이래 직위가 차츰 높아감.
· 1237년 금자광록대부, 즉 최고의 벼슬을 함.
· 1241년 74세의 나이로 사거. 시호는 문순. 장지는 진강 산 동록.

이 연보에 작품명을 전부 기재하지 않은 것은, 그는 하루도 문을 짓거나 시를 쓰지 않은 날이 없어 너무나 부피가 많기 때문이다.

이와 같은 순서로 설명하고 나서 하시모토는 다음과 같이 말을 맺었다.

"이규보의 생애에 불가사의한 몇 가지를 들면, 첫째 어려서부터 신동이란 명성이 자자하던 그가 사마시에 세 번이나 낙제했다는 사실인데, 이것은 이규보 같은 대재는 세속적인 준승에 넘어가기 때문이라고 하겠고, 둘째는 그가 당시의 문인답지 않게 지나칠 정도로 관직에 연연하고 집착했다는 사실이다. 이건 공자가 말한바 '그 직위에 있지 않거든 그 자리의 정서를 논하지 마라不在其位 不謀其政'란 생각이 있었던 것이 아닌가 한다. 그렇더라도 최충헌 같은 인간에게 구관운동까지 해서 벼슬을 얻었다는 것은 이규보 평생에 있어서 옥에 티라고 아니할 수 없다. 이규보는 당시 문인들의 풍조를 따라 죽고竹高의 칠현七賢에 섞였어야 옳았다. 그러나 그의 작품이 너무나 위대하기 때문에 그런 하자는 덮이고도 남음이 있다……."

이규보가 살았던 시대도 분명히 난세였다. 왕건 창업 이래 200년 문신들의 행패로 정사가 해이하게 되어 무신들을 자극하게 되었는데, 정중부의 쿠데타가 일어난 때는 1170년, 이규보 3세 때의 일이다.

당시의 권신 김부식의 아들 김돈중이 정중부를 희롱하다 촛불로 정중부의 수염을 태운 적이 있었다. 견용대정으로 있던 정중부는 김돈중의 뺨을 때리고 욕설을 퍼부었다. 김부식이 이에 노해 정중부에게 형을 가하려고 했으나 당시의 왕 인종이 몰래 도망치게 해서 중부는 화를 면했다.

이 사건을 직접 원인이라고 할 순 없겠으나 이러한 사건을 있게끔 한 사정이 정중부 난을 비롯한 무신들의 쿠데타를 연발케 했다.

"문관을 쓴 자는 미관말직에 이르기까지 모조리 죽여 없애라"라는 것이 정중부의 명령이었다. 그 명령으로 해서 문신들은 시산혈하屍山血河를 이루었다는 기록이 있다.

적대할 만한 문신들의 세력이 없어지자 무신들끼리의 싸움이 벌어졌다. 그 싸움에서 이겨 남은 것이 최충헌이다. 최충헌이 실력자인 이의민 부자를 죽여, 서정 개혁이란 대의명분을 내세워 정권을 장악했다. 그리고 그 이후 자기 당대는 물론이고 아들 우, 손자 항, 증손 의에 이르기까지 거의 100년 동안을 최씨의 천하로 만들었다. 최충헌은 그의 일생 중 명종을 폐하는 데부터 시작해 네 사람의 왕, 신종, 희종, 강종, 고종 등의 폐립을 함부로 했으니 왕은 다만 괴뢰였을 뿐이고, 고려는 사실상 최충헌의 사유물과 다를 바 없이 되었던 것이다.

그런 만큼 최충헌에 대한 반란이 끊이질 않았다. 그럴 때마다 많은 피가 흘렀다. 최충헌은 좀처럼 사람을 믿으려고 하지 않고 무단 정치 일변도로 나갔다. 끊임없이 변경을 위협하면서도 원元이 고려를 그때 유린하지 못했던 것도, 이러한 까닭에서였다.

이규보는 이러한 정권하에 사관하길 바라고, 최충헌의 총寵을 얻으려고 했던 것이니 그 시문의 고매함을 접한 사람으로선 그 진의를 파악할 수 없는 심정이 되는 것도 당연한 일이다.

그러나 이규보가 관직에 편승해서 사리를 도모할 목적이 아니었다는 것은, 관리로서의 그의 몸가짐이 강직해, 모처럼 얻은 관직도 불의가 있다고 보면 당장 그만둔 사례를 통해 알 수가 있다. 전주목의 서기가 되었을 때, 중산대부판위위사로 있다가 위도에 유배되었을 때의 사정으로써 그 증거를 삼을 수가 있다. 그런데 위도 유배는 본인으로서도 커다란 충격이었던 것 같다. 유배 시 처절한 시편을 수십 편 남겼는데 그 가운덴 이런 것이 있다.

> 옛날에 〈이소경〉을 읽고 초신 굴원을 슬퍼했는데
> 오늘날 내가 이런 꼴이 될 줄을 어찌 알았겠는가.
> 선비가 되기도 이미 글렀고 중이 되기도 이미 늦었으니
> 끝내 내가 어떤 사람이 될지 알지 못하겠노라.
> 舊讀離騷悼楚臣 豈知今日到吾身 爲儒已誤爲僧晚 未識終爲向等人

차라리 위진魏晉의 죽림칠현을 동경·모방한 친지들, 이인로, 오세재, 임춘, 조통, 황보항, 함순, 이담지 등의 이른바 죽고칠현에 어울렸더라면 이규보의 인생은 안이했을지 모른다. 평생을 비굴함이 없이 호연하게 살았을지 모른다.

그런데 그가 그러한 안이를 버리고 애써 비굴한 행로를 택했다고 하는 데 남이 알 수 없는 그 자신의 드라마가 있었다고 짐작하지 않을 수 없다. 그 드라마가 무엇이었을까.

이규보는 역사를 성찰한 끝에 관작을 문文의 승乘이라고 보았다. 승이란 곧 수단이다. 후세에 자기의 글을 고스란히 남길 수 있다면 관작이라는 수단이 있어야 한다. 역사 이래 정권과 결부되지 않은 사람들로서 글을 후세에 남긴 사람은 극히 드물다. 전연 없었던 바는 아니지만, 그런 사람도 관작을 띤 사람과 친교가 있었기 때문에 또는 권력의 주변에 있었기 때문에 그 글을 남길 수 있었던 것이다. 위진의 죽림칠현만 하더라도 건안의 공자들과 교유가 있었기 때문에 편편片片의 문장을 남길 수 있었던 것이지, 만일 그들이 그들의 주장대로 은둔한 신세였더라면 일편一片의 글인들 남길 수가 없었을 것이다.

이규보는 무단 정치에 따르는 당시의 문세를 깊이, 날카롭게 관찰했다.

아니나 다를까, 그의 후배 이익재도 당시의 무단 정치하에서 독서자讀書者가 대폭으로 줄어들어 다만 노유老儒들이 육적지전六籍之傳을 가냘프게 이어왔을 뿐이라고 통탄하고 있는 것이다. 문재에 대한 자부가 대단한 이규보는 자기의 글을 보전하고 후세에 남길 수 있는 최선의 방법이 스스로 관계에 투신하는 일이라고 생각했던 것이 아닌가 한다. 그러지 않고서야 소시에 백운거사라고 자호한 의식의 소유자였으며 죽고칠현과 친교가 있었던 그가 무슨 까닭으로 비굴하게 최충헌 따위의 권력자에게 구관하는 행동을 취했을 것인가.

이러한 나의 짐작이 맞다면 이규보의 의도는 성공했다고 할 수밖에 없다. 《동국이상국집》 전·후집을 합해 53권은 칙명을 받들어 대장경 판각을 마친 직후, 바로 그 대장도감에 의해 판각·간행된 것이기 때문이다. 이규보가 관직에 있지 않았던들 나라의 일로서 전집을 간행했을 까닭이 없고, 오늘날 우리가 그의 시문을 고스란히 소유할 수 있을 까닭이 없다.

이규보 최대의 공적은 서사시 〈동명왕편〉에 있다는 것은 모든 학자가 두루 인정하고 있는 바다.

오언 282구, 1,410자로 된 이 서사시는 희랍의 〈일리아드〉, 〈오디세이〉에 방불하다고 할 것이며, 근세에 있어선 영국의 시인 밀턴의 〈실낙원〉에 비견할 만한 서사시다.

장덕순 씨는 만일 이것이 없었으면 우리 국문학사는 얼마나 쓸쓸했을까 하는 뜻으로 통탄하고 있는데, 나도 동감이다.

그 내용을 일일이 소개할 순 없으나 이규보가 신화라는 것의 진령眞領과 역사의 진실을 파악하고 있었다는 것은 충분히 이해할 수 있다.

신화는 민족의 동경과 소망의 구체적인 결정일 때, 사실 여부를 물을 것 없이 민족의 진실이 되는 것이다. 호머를 통해 서양에 '제우스'가 살아 있듯이, 이규보를 통해 '동명 성왕'은 우리의 맥박 속에 살아 있다. 그 웅혼한 시편은 그대로 우리 고등학교 교과서에 실려야 할 것으로 믿는다. 〈동명왕편〉은 《동국이상국집》 제3권에 수록되어 있다. 그 서문은 말한다.

〈당현종본기〉와 〈양귀비전〉엔 방사方士가 하늘에 오르고 땅에 들어갔다는 얘기가 없는데, 시인 백낙천이 그 일이 인멸될 것을 두려워해 노래를 지어 기록했다. 한데 그것은 황당하고 음란하고 허황된 일인데도 그렇게 했거늘, 우리 동명왕의 일은 신이한 것으로써 사람들의 눈을 현혹한 것이 아니고 실로 나라를 창시한 신기한 사적이니 이것을 기술하지 않으면 후인들이 장차 어떻게 볼 것인가. 이러한 포부로써 이규보는 그 웅혼한 서사시를 시작하고 있는 것이다.

《동국이상국집》53권은 실로 우리 문화의 보고라고 할 수가 있다. 보다 넓은 독자를 가졌으면 하는 것이 나의 소망이다. 이규보의 〈백운소설〉이라고 하는 특이한 명편이 있다. 한 대목만을 다음에 소개하고자 한다.

인간의 일들엔 갖가지가 있다. 마음과 틀리는 일이 보통이다. 젊을 땐 집이 가난해 아내까지도 업신여기더니 늘그막에 봉록이 두툼하니 기생들이 따른다. 배불러 숟가락을 놓으니 맛있는 고기를 만나고, 목구멍이 아파 술을 금하니 좋은 술을 만나게 된다. 간직했던 보물을 팔고 나니 값이 오르고, 고질병이 낫고 나니 이웃에 의사가 왔다. 자질구레한 일이 이 모양인데 양주에서 학 타는 일을 어찌 기대할 수 있단 말인가.

양주에서 학을 탄다는 말은, 욕심이 많다는 것을 뜻한다.

지난 7월 중순, 산길을 걷다가 경기도 광주의 산속에서 소낙비를 이름 없는 암자에서 피했는데, 거기 이규보의 시가 현판으로 적혀 있었다.

구구한 나라가 어찌 자넬 포옹할 수 있겠는가.
자네를 위해 천지만큼 큰 세상을 만들어야지.
區區一國詎能容 爲子須營天地籠

왠지 가슴에 와 닿는 뜻이 있었다. 그래서 이규보에 관해 이 글을 쓰게 되었다.

남이 장군
– 전설로 살아 있는 슈퍼맨

어렸을 적부터 남이 장군의 일화는 수월찮게 들어왔다. 지금 생각하면 항우의 얘기와 홍길동의 얘기를 바꿔치기한 것 같은 대목이 없지 않다. 요컨대 그 일화마다가 남이의 초능력을 말하려는 그런 것이었다.

때문에 남이의 일화 자체는 대단할 것이 없는 것이지만 문제는 어떻게 해서 500년 천에 죽은 그의 얘기를 지리산 근처에서 자란 소년이 들을 수 있게 되었던가 하는 사정에 있다. 그렇다면 남이 장군의 일화는 전국 방방곡곡에 수백 년에 걸쳐 끊임없이 전파되어 있었다는 사정이 아니었을까. 여기서 두 개의 설문이 생겨난다.

남이는 누구인가.

남이는 무엇인가.

남이는 누구인가 하는 설문에 대한 대답은 간단하다. 누구의 자손이며, 어떤 경력을 지녔으며, 어떻게 죽었느냐를 밝히면 되는 것이다.

그러나 남이는 무엇인가, 하는 설문에 대한 답안은 그다지 간단하지가 않다.

그의 생애 자체가 가진 의미, 그 생애가 살아생전에 가진 의미, 죽은 후에 갖게 된 의미, 우리 역사에 있어서의 위치와 의미를 두루 파악해야 하기 때문이다. 필연적으로 어떻게 해서 그를 두고 그 많은 일화가 넓게 깊게 오랫동안 전파되게 되었는가 하는 심정적인 설명마저 필요로 한다.

이런 뜻, 저런 뜻으로 해서 남이섬을 찾았다. 내가 찾아간 1983년 8월 17일엔 약간 철 늦은 감이 없진 않았지만, 남이섬은 어린이들에겐 천국이었다. 다른 날도 같은 사정일 것이라고 짐작되었다.

그런데 그날 그곳에도 역시 지옥은 있었다. 조랑말들의 지옥.

몇 개의 마차에 몇 마리의 조랑말이 있었는데, 그 조랑말들에게 있어선 분명히 지옥일 수밖에 없는 것은, 어수선하게 만든 차대 위에 어른들까지 몇 명 섞인 채 십수 명의 어린이들을 태우고 이글거리는 염천하를 쉴 새 없이 채찍질을 받으며, 조랑말은 달려야 했기 때문이다.

어쩌다 주착 없이 조랑말이 끄는 마차를 탔다가 곧 후회했지만 아이들 틈에서 운신할 수가 없어 끝까지 앉아 있을 수밖에 없었다. 아이들의 반응을 살필 수 있었던 것은 다행이었다. 아이들은 예외 없이 그 조랑말을 측은하게 여기는 것 같았다.

어느 아이는 차부가 조랑말에 채찍질을 할 때마다 깜짝깜짝 놀라는 몸짓이었고, 나이가 조금 든 사내아이들 가운덴 "난 걸어가런다" 하면서 마차에서 뛰어내리는 아이도 수삼 명 있었다.

그러한 어린이들의 반응을 반가운 마음으로 보며, 이왕 마차를 시설할 바엔 어린이들의 마음이 상하지 않게끔 건장한 서양마를 준비할 수 없었을까 하는 아쉬움을 느끼기도 했다. 그러다가 남이 장군의 무덤이 가까워졌을 때 문득 윤회설이 머리에 떠올랐다. 만일 윤회설이 사실이라서 남이 장군을 모함해 죽인 유자광이 그 업보로 인해 저 조랑말이 되어 있는 것이라면 얼마나 흥미로운 일일까.

송비頌牌를 앞에 하고 남이 장군이 편안히 누워 있는 경내를 유자광은 거꾸러지는 순간까지 다람쥐 쳇바퀴 돌 듯해야 하는 것이다.

남이 장군의 무덤은 깔끔하게 수장修粧되어 있었다. 정면에서 오른쪽으로 살큼 비낀 자리에 남이 장군 추모비가 서 있다.

글은 이은상, 서書는 김충현. 그 비명을 간추리면,

금강산 만폭동 물과 오대산 골짜기 물이 합쳐 소양강, 신연강이 되었고, 그것이 가평 남쪽에서 북한강을 이루었는데, 그 흐름이 세월과 더불어 모래 언덕을 쌓아 조그마한 섬이 되었다. 흐름을 사이로 동쪽에 한덕산이 있고, 서쪽으로 불기산을 낀 이 섬을 남도라고 했는데, 어느 때부터인가 남이섬이라고 불리게 되었다…….

이러한 서두로 남이 장군의 약력을 적고, 확실한 고증을 할 순 없으나, 무슨 연유가 있고서야 남이섬이라고 했을 것이니, 이 섬을 통해 그의 이름을 기억하고, 길이 기념하는 것도 나쁠 것이 없지 않겠느냐는 뜻으로 끝맺고 있다.

막연한 것은 흘러간 세월에 돌리고 어쨌건 선인을 흠모할 줄 알아야 한다는 정감이 넘친 문장이다.

어차피 확인할 수 없을 바에야 구승과 전설에 정감을 위탁해볼 만한 일이다. 그런데 정범조의 《남이전》에 의하면 남이 장군의 무덤은 남양부 치북 대전리에 있다고 되어 있다. 그러나 허묘 또한 고인을 추모하는 형식의 하나다. 이은상 선생의 정감에 공감한다고 해서 잘못된 일이 아닐 것이다.

정범조는 경종 3년, 즉 1723년 우담 시한의 손자로 태어난 강직한 유가儒家다. 다산 정약용의 아버지 재원의 종형으로 영조 39년, 1763년에 문과 장원으로 뽑혀, 정조 때에 대사성, 대사헌을 역임, 예문관제학에 이른 어른이다.

그가 무슨 동기로 《남이전》을 썼는가는 밝혀지지 않았다. 그러나 그의 《남이전》이 가장 정확한 것이란 정평이다.

일단 그의 《남이전》에 따라 남이의 생애를 더듬어본다.

남이는 의령인 휘의 손자다. 휘는 태종의 딸 정선 공주와의 사이에 분을 낳고 분이 이를 낳았다.

남이의 생년은 1441년, 세종 23년이다. 의령 남씨의 족보에도 '휘, 분, 이'로 되어 있다. 그런데 어떤 까닭인지 이홍직 편編 《국사대사전》, 신구문화사 간刊 《한국인명대사전》에 이를 휘의 아들이라 기록하는 과오를 범하고 있다.

남이는 여력이 절인해 능히 수십 척을 뛰어오를 수 있었다. 어려서 가난했을 때 먼 곳으로 심부름을 가서 짐을 가득 싣고 돌아오다가, 산중에서 길을 잘못 들어 도둑놈들의 소굴에 들어갔다.

이어 거기서 적 수십 명을 때려잡고, 납치된 부녀들을 돌려보내고, 우마를 비롯한 재물을 현관에게 보고해, 적당하게 처리케 함으로써 남 장군이란 이름을 얻었다고 되어 있다. 태종의 부마를 할아버지로 가진 사람이 어떻게 그런 처지였을까 하는 의혹이 남는다.

정범조는, 남이가 익평군 권람의 사위가 되었다는 기록에 이어 세조 3년, 17세 때 무과에 올라 선전관으로 배했다고 적고, 임금 앞에서 호랑이를 때려잡아, 임금을 크게 기쁘게 함으로써, 서열과 절차에 구애됨이 없이 발탁, 등용케 되었다고 했다 不次擢用矣.

세조 13년 여름 이시애가 길주에서 반란해 절도사와 순찰사를 죽이고 경사京師를 범할 움직임을 보였다. 임금은 준을 원수로, 어유소를 부원수로, 이를 위장으로 해 반도叛徒를 토벌케 했다…….

이때의 공으로 남이가 통정대부에 올랐다고 정범조는 기록하고 있는데,《세조실록》의 13년 11월의 항엔, "정충출기포의 적개공신 자헌대부 공조판서 겸 오위도총부도총관 의산군 남이에게 하교하기를敎精忠出氣布義敵愾功臣資憲大夫工曹判書兼五衛都摠府都摠管宜山君南怡"이라는 기록이 보인다.

이해 가을 명나라의 황제가 칙勅을 내려 건주의 적 이만주를 치려고 우리의 도움을 청했다. 임금은 강순, 어유소, 남이 등에게 명해 1만 명을 거느리고 출동케 했다. 남이는 재빨리 병을 인솔해 건주로 쳐들어가서 이만주를 죽이고 그 둔락屯落을 불태우고, 부로들을 연경으로 보냈다. 명나라 황제는 그 공로에 대해 깊이 감사했다. 그런데 그동안 이런 일화가 있다. 남이가 대군을 이끌고 건주에 도착해 야숙하게 되자, 남이는 군중에 영을 내려, 갈대와 골로써 멍석을 만들게 하고 장작을 모아 쌓으라고 했다. 그날 밤, 하늘엔 구름이 없고 달은 밝았다. 그래서 초인樵人들이 그 까닭을 물었더니, 남이는 내일 대설이 있을 것이니 대비가 있어야 한다고 했다. 아니나 다를까 새벽이 되자 눈이 내리기 시작해 장여나 쌓였다. 갈대와 골로 엮은 멍석으로 눈과 바람을 막을 수가 있었고 쌓아놓은 장작에 불을 붙여 어한할 수가 있어 타영他營의 군인들까지 모여들어 불을 쬐었다. 모두 탄복했다. 이때의 책훈은 남이가 제일이었다. 승지에 배하고 의산군으로서 봉함을 받고 병조판서에 임명되었다.

이때 그의 나이는 27세.

그런데 건주의 공훈을 책策한 대목을 다룬 실록엔 강순, 윤필상이 1등이고, 어유소, 남이, 노사신은 2등으로 되어 있다. 또 실록엔 이런 대목이 있다. 시일을 따지면 건주의 공훈을 다룬 그 이듬해, 즉 세조 14년 3월 "공조판서 남이가 무거 회시에 곧장 나갈 것을 청하여 윤허하다 工曹判書南怡請直赴武擧會試從之"란 대목이다.

그러니 그때까지 남이는 병조판서가 아니었고 공조판서였다. 뿐만 아니라 그해 5월에도 "공조판서 남이 상서" 운운한 대목이 실록에 나타나 있다.

이렇게 남이는 젊은 나이로 대공을 세워 그 이름을 세상에 떨쳤다. 그런 까닭에 경인卿人 가운덴 그를 시기하는 자가 많았다恰少年 立大功名振一世超遷至上卿人多忌之者. 세조가 승하하고 예종이 즉위한 즈음 혜성이 나타났다. 입직 중이었던 남이가 그것을 가리키며 이는 제구포신의 상除舊布新之象이라고 해, 《좌씨전》 가운데 그 설이 있다고 했다. 유자광은 평소에 남이를 미워하던 바라 이 말을 듣고 남이가 모반했다고 무고를 했다. 기왕 남이가 백두산에 올랐을 적에 지은 시, "백두산의 돌은 칼 갈아 다 닳아지고 두만강의 물은 말 먹여 없애리라. 사나이 이십 세에 나라를 평정치 못하면 후세에 그 누가 대장부라 하리오白頭山石磨刀盡 頭滿江水飮馬無 男兒二十未平國 後世誰稱大丈夫"를 몇 자 바꿔 꼽아, 남이에게 반의가 있다는 증거로 했다. 남이를 체포해 국문할 것을 왕이 명령하자, 정신廷臣 가운덴 억울한 일이라고 생각하는 사람이 많았으나 자광을 두려워해 아무도 감히 그런 말을 하는 자가 없었다.

자광의 심복들이 남이에겐 반상이 있다는 비어를 퍼뜨려 그를 죽이지 않으면 후환이 있을 것이라고 하고, 추관에게 그를 속살速殺하라고 권하기도 했다. 국문을 당하자 남이는, 신은 궁마를 업으로 하고 변경에 유난有難하면 몸소 순국하는 것이 신의 뜻이요, 신에게 과연 반의가 있었더라면 병을 파악하고 있었을 거외지일居外之日에 하지 않고 금일을 기다렸겠사오이까, 했으나 듣지 않고, 임금은 너와 공모한 놈을 대라고 했다. 그러자 남이는 강순을 쳐다보곤, 저 사람과 공모했다고 했다. 국문이 시작되자 강순은 남이를 돌아보고 무슨 까닭으로 나를 모함하는가 하고 핀잔했다.

남이는 웃으며 말했다. 내가 무고를 당해 죽는 것을 알면서 공은 수상의 자리에 있으면서도 구하지 못하니 그 죄는 죽어 마땅하다. 강순은 응대할 말을 잃고 남이와 동일에 죽었다純顧怡曰 若誣我何, 怡笑曰 吾被誣且死 而公爲首相不能故 罪固當死 純無以應遂與純同日死.

이어 정범조는 다음과 같은 얘기를 덧붙이고 있다. 남이가 체포되자 그의 준일함을 겁낸 유자광은 남이를 철삭으로 묶고 기병이 포위해 끌고 오라고 했다. 남이는 옥에 이르자 분신奮迅 철삭을 끊고, 지붕 위에 뛰어올라 "내가 죽기 싫다고 하면 누가 감히 나를 잡을 수 있을 것인가. 나는 불사할 수 있지만 오직 군명에 의해 죽을 뿐이란 걸 나라 사람들에게 알리기 위해 이렇게 하는 것이다. 다만 한스러운 것은 대장부가 유자광 따위의 모함에 걸려 죽는다는 사실이다"라고 크게 외친 뒤 국문에 응해 눈을 감고 형을 받는데 고통스러운 표정이 없었다는 것이다.

정범조의 《남이전》은 다음과 같이 끝맺고 있다.

김상서시양金尙書時讓의 저서에 《하담록》이 있다. 이에 이르길, 남이의 옥사에 있어서 그를 무고한 자와 단옥한 자들은 모두 녹훈되어 자손이 그 이익을 얻었는데, 남이의 죽음에 대해선 지금까지 그 억울함을 변명한 자가 없으니 슬픈 일이다. 남이에겐 아들이 없었다. 그의 묘는 남양부 치북 대전리에 있는데 부로父老들은 일러 장군총이라고 한다. 숙종 경인에 남상구만이 그 묘를 수치修治하고 제문을 지어 제사를 드렸는데, 그 제문은 《남상유집》에 있다.

정범조의 기록은 실록과 다른 점이 많다. 우선 정범조는 남이가 27세 때 병조판서가 되었다고 했는데, 실록엔 세조 14년 8월

23일 그가 28세 때 병조판서가 되었다가 12일 후인 9월 7일 그 직에서 해임되어 있다. 바로 이 9월 7일은 세조의 병이 위독해서 세자, 즉 예종이 즉위한 날이다. 예종은 즉위하자마자, 바로 그날 남이를 병조판서의 직에서 추방한 것이다.

예종이 남이를 얼마나 미워했는가를 이 사실을 통해서 알 수가 있다.

정범조는 남이의 옥사를 유자광의 무고라고 해 간단히 처리하고 있지만 사정은 보다 복잡하다. 실록을 종합하면,

9월 8일 세조 재위 14년, 52세로 승하하다. 10월 29일 유자광이 남이 등의 반역을 계啓하다. 왕, 남이를 친국하다. 남이, 강순, 조경치, 변영수, 변자의, 문효량, 고복로, 오치권, 박자하 등과 공모해 산릉山陵에 갈 때 거사해 보성군의 아들 춘양군을 옹립할 계략이었다고 말함. 왕은 이들에게 환형轘刑을 명하다. 이어 남이의 어미를 환轘하고 복심, 조영달 등 25명을 참형에 처하고 장용대의 맹불생 등을 주誅하고 윤말손 등 6인을 종으로 만들다.

이때 남이의 행년 28세.

실록은 이처럼 남이의 죄를 결정적인 것으로 하고 있을 뿐 아니라 남이를 옹졸한 인간, 더할 나위 없는 인간으로 기록하고 있다.

예컨대 남이가 공조판서의 자리에 있으면서 무과에 재시再試하려 했다고 해놓고, 사관언史官들이라고 해 "남이가 전일에 무

과 합격은 했으나 장원하지 못한 것을 한탄해 재시로 장원이
하고 싶었던 것"이라고 적고 있다.

그런가 하면 남이의 어머니와 아내가 서로 불화했다는 사
정, 남이가 활을 많이 쏘았지만 맞지 않았다는 것 등, 중상적인
기록으로써 가득 차 있다.

게다가 다음과 같은 끔찍스러운 기사마저 있다.

또 아뢰길 남이의 어미는 천지간에 용납될 수 없는 죄를 지었으
니 극형에 처하라고 청했다. 왕은 환형, 즉 수레의 바퀴에 사지를
걸어 찢어 죽이는 형에 처하고 3일간 효수하라고 명했다. 남이가
증지했기 때문이다.
又啓曰 南怡之母……且有天地間不容之罪 請置極刑 命轘于市梟首
三日 以怡蒸之也

증지란 모자 상간을 뜻하는 말이다. 세상에 이런 망측스러
운 일이 있을 수 없다. 유자광은 남이가 죽은 후에도 오랫동안
권좌에 있어, 사초를 트집 잡아 연산군을 충동해 무오사화를
일으킨 장본인이고 보니, 사관으로 하여금 곡필케 한 것이라
고 보아야 옳을 것이다.

그렇게 생각하지 않고는 순조 무인戊寅 1818년 남이의 복관
작復官爵을 이해할 수가 없다.

간신 유자광도 악운이 강했던지 중종반정에 끼이기도 해 정

국공신 1등으로 무령부원군이 되기도 했으나, 대간, 홍문관, 예문관의 거듭되는 탄핵으로 변지에 유배되었다가 끝내는 눈이 멀어 배소에서 '노추해 썩은 뱀腐蛇처럼 죽었다'.

예종으로 말하면, 남이를 죽이기 위해 임금이 된 듯한 사정이다. 유자광의 무고는 자신의 비뚤어진 심성의 탓이긴 하겠으나 결국 예종의 뜻을 받든 거나 다름이 없다. 예종이 어떻게 해서 남이를 그처럼 미워했는지 알 수 없으나, 부왕이 저지른 참극을 어제처럼 겪고도 그 모양이었다면 가히 짐작할 만한 심성이다. 그의 재위는 1년 남짓, 남이와 그 일당 수십 명을 참살한 이외엔 아무것도 한 것이 없다.

절륜한 능력을 타고난 남이 장군이 28세의 나이로서 그 무한한 가능을 단절당했다는 데 세인들의 애통이 모인 것은 당연한 일이다. 거기서 수많은 전설이 생겨나서 슬픈 민족이 슬픈 스스로를 달래게 된 것이다. 이런 점은 예수 그리스도의 경우와 같다. 무한한 사랑을 가졌다는 죄밖에 없는 예수의 죽음은, 그것을 전해 듣는 사람들의 가슴속에 예수를 부활케 한 것이 아니었던가. 남이도 비슷한 사정으로 일부 사람들에겐 신이 되어 있는 것이다.

서거정
― 다섯 임금 섬기고 재상도 다섯 번

추석의 여정이 깔려 있는 한적한 시골길을 달리고 있었다. 온양을 출발, 안중을 거쳐 수원으로 향하는 길이다.

송림 울창한 동산 사이로 연변에 코스모스를 장식한 그 길은 포장도 잘되어 있을 뿐 아니라 주변의 경색을 곁들여 별다른 시름이 없는 사람에겐 그지없이 정다운 드라이브 길이다. 상사·상애하는 사람과의 동행이었다면, 길이 추억에 남을 만한 로맨틱한 길이기도 하다.

이런 감회에 젖어 차창 밖을 보고 오는데, 수원을 9킬로미터쯤 상거에 둔 지점에서 오른편으로 어떤 한옥의 옆모습을 발견했다. 청기와의 용마루가 덩실한데, 둘러친 담장이 베이지색 벽면 위에 기와를 씌운 것으로서 선명하게 눈을 끌었다.

울창한 송림을 배경으로 하고 조그마한 동산 기슭에 자리잡은 그 한옥은 가까워짐에 따라 '소쇄하다'는 한자적 표현이 그냥 그대로 어울리는 것이어서 '누구의 집일까' 하고, 그 집주인은 유복하기도 하려니와 풍아를 아는 사람일 것이라고 짐작했다.

그런데 그 동산을 막 지나치려는데 길가에 표지판이 있었다.

'서거정의 묘소'.

나는 자동차를 멈추게 하고 그곳에서 내렸다. 서거정의 무덤을 그곳에서 만나 그저 지나칠 순 없는 일이다. 서거정은 조선조의 인물 중에 내가 특히 좋아하는 소수 가운데 하나다.

자동차를 대로변에 세워놓고 동산 옆으로 나 있는 길을 따라 정문을 찾았다. 정문은 아치형 계단으로 양쪽에서 올라가게끔 되어 있는 자리에 솟을대문의 차림이었다. 건재의 빛깔로 보아 그다지 오래된 건물이 아님을 알 수 있었다. 문은 열려 있었다. 문 위엔 '전성문展省門'이란 글자가 보였다.

문을 들어서기 10보 전쯤에 아담한 건물이 있었다. 건물의 중앙, 지붕 바로 밑에 '염수재念修齋'란 현액이 걸렸다. 기둥마다에 칠언시가 한 귀씩 세로 새겨져 있다. 주인이 나들이 간 여염집처럼 불투명 유리로 짠 창문이 굳게 닫혀 있어, 내부를 볼 순 없었다. '염수재'란 현액만 없으면 재실이라고 하기보다 어떤 대감의 소가로서 어울릴 것 같은 모양이며 기분이다.

건물 오른편에 한 그루 노송이 있고, 그 노송 뒤로 담장이 터진 곳이 있었다. 거기서 무덤이 보였다. 무덤으로 가보기로 했다. 첫 번째 무덤은 서익정과 그 부인의 합장묘고, 그 위의 것은 서복경의 무덤이었다.

맨 위에 남향으로 원산과 들을 바라보는 자리에 서거정의 묘가 있었다. 무덤 정면에 있는 비문에 이르길,

조선 숭정대부 좌찬성 달성군 문충 사가 서거정과 정경부인 선산 김 씨 묘.

그런데 앞에 놓인 상석이 새것이라서 챙겨 보았더니, 16세손 정표 등 네 사람이 단기 4293년에 개수한 것으로 되어 있었다. 단기 4293년이면 서기로는 1960년이 된다.

서거정의 무덤은 남향인데, 거기서 조금 외진 아래쪽 서편에 서향의 무덤이 있었다. '정경부인 전주 이 씨 묘'라고 되어 있었다.

돌아오는 길에 그 재실을 관리하고 있는 서경석 씨를 만나 들은 바에 의하면, 전주 이 씨는 본실에서 아들을 얻지 못한 서거정이 재취한 부인이었다.

서거정의 17대손이 된다는 서경석 씨는 원래 그 무덤이 경기도 광주군 송파에 있었던 것을 도시 계획 때문에 1975년 6월 24일 이곳 경기도 화성군 봉담면 왕임리로 이장하게 되었다는 설명을 덧붙였다.

뜻밖인 스승을 뜻밖인 곳에서 만난 것처럼 반가워서 집에 돌아와 서거정의 전적을 뒤지며, 나는 한동안 시름을 잊고 그의 행적을 다시금 챙겨 보고 싶은 마음이 되었다.

서거정은 세종 2년, 1420년에 나서 1488년에 서거했다. 《연려실기술》에 의하면, 서거정의 자는 강중, 본관은 달성, 호는 사가, 권근의 외손이다. 무오년, 19세 때 진사시에 오르고, 이어 발영, 등준 시험에 선발되었다. 좌리공신에 책정되어 달성군에 봉한 바 되고, 벼슬은 좌찬성에 이르고 시호는 문충공이다. 《지봉유설》엔 다음과 같은 기록이 있다.

> 공이 26년이란 장기간에 걸쳐 문형(홍문관, 예문관의 양관 대제학)을 맡았으므로 김종직, 강희맹, 이승소 등이 문형을 맡지 못했다. 그래서 어느 사람이 "공은 김과 강과 이와 사이가 좋지 못한데, 혹시 그들에게 문형이 돌아갈까 봐 그 자리를 내놓지 않는 것이 아니냐. 문형에 오래 머물러 있는 것은 좋지 못하다"라고 했더니, 서거정은 "내가 맡지 않으면 누가 이 직무를 감당하겠느냐"라고 했다.

《지봉유설》은 또,

> 공(서거정)은 네 번 과거에 오르고 다섯 임금을 섬겼으며 육조의 판서를 두루 지내고, 두 번이나 사헌부의 장관이 되었으며 다섯 번이나 재상이 되었다.

라고도 했다.

그 치열한 권모술수의 난장판에서 벼슬이 인신을 극하고도 편안히 고종명을 했으니, 다시없는 행운을 타고난 사람이라고 하겠다.

그러나 그의 심정이 그다지 평탄할 수 없었다는 것은 그의 나이가 성삼문보다는 두 살 아래고, 매월당보다는 15세가 연장이란 사실로써 알 수 있다. 뿐만 아니라 살아 세조의 지우를 받은 사람으로선 누구보다도 그는 성삼문과 매월당에 가까웠던 것이다.

그가 혁명가일 수 없고, 성삼문처럼 충절에 순殉하고, 김시습처럼 과격둔세過激遁世할 수 없었던 것은 기질의 탓이다. 그 때문에 당시의 선비들 사이에, 문호라고도 칭할 수 있는 그의 성명聲名이었는데도, 인기가 있었다고는 할 수가 없다. 그러나 혁명가적인 기질이 결여되어 있었다고 해서 비난하기엔 그는 너무나 훌륭한 인물이었다. 자기의 소신을 굽히지 않으면서도 현세의 흐름을 잘 파악해 스스로의 능력을 최선, 최량의 방향으로 발휘했다는 그 사실에 어쩌면 우리는 정다운 교사를 대한 듯한 느낌마저 가진다. 그런 뜻에서 다음과 같은 그의 〈수직론〉은 비약할 수 없는 현실 감각의 소유자인 그의 신념의 토로라고 하기보다, 고민의 표현이라고 할 수가 있다. 그는 이렇게 말하고 있는 것이다.

모든 사물은 각기 직분을 가지고 있다. 소의 직분은 밭과 논을 가는 일이며, 말의 직분은 사람을 태우는 데 있다. 닭의 직분은 새

벽에 우는 일이요, 개의 직분은 도둑이 들지 않도록 지키는 데 있다. 직분을 지키지 않는다는 것은 도리에 어긋난 짓일 뿐 아니라, 화를 마련하는 노릇으로 된다. 닭이 새벽에 울지 않고 밤에 울면 해괴한 일이다. 사내종으로 하여금 밭 가는 일을 하게 하고 계집종으로 하여금 베를 짜게 하는 것이 도리인데, 만일 사내종에게 베 짜는 일을 시키고 계집종에게 밭 가는 일을 시킨다면 세상 사람들이 해괴하게 생각할 것이 아닌가.

그는 그의 직분을 지키겠다고 자각함으로써 단종을 둘러싼 피비린내 나는 사건을 멀찌감치 방관하고 있었던 것이다. 그 마음 오죽했으랴!

그는 또한 직분으로 자기의 학문과 문학을 통해 나라에 봉사함으로써 스스로에게 충실하고 민족에게도 충실할 수 있다고 자부했을지도 모른다. 이렇게 말해도 지나침이 없을 정도로 그의 문장은 뛰어나다. 그리고 그의 업적 또한 대단하다. 《경국대전》, 《동국여지승람》 등 공저를 비롯해 방대한 《동문선》의 편저, 《동국통감》, 《필원잡기》, 《태평한화골계전》, 《사가집》, 《오행총괄》 등 실로 경탄할 만하다.

그의 문장이 어떤 것인가 하는 데 대해선 《상촌집》〈휘언〉에 다음과 같은 기록이 있다.

우리나라 문장은 최치원으로부터 발휘되었다. 김부식은 풍부하면서도 화려하지 못했고, 정지상은 화려했으나 떨치지는 못했으며…… (이규보, 이인로, 이곡, 임춘, 이제현, 이숭인, 정몽주, 정도전 등의 장단점을 열거한 후) 다만 이색의 시와 문이 구비해 함께 우수한데…… 권근, 변계량이 비록 문병文柄을 잡았으나 이색에겐 미치지 못했다.

세종이 처음으로 집현전을 설치하고 문학하는 선비를 맞이했는데, 신숙주, 최항, 이석형, 박팽년, 성삼문, 유성원, 이개, 하위지 같은 사람은 모두 한때 이름을 날렸다. 그런데 성삼문의 문장은 호방하나 시는 모자랐고 하위지는 대책對策과 소장疏章은 잘해도 시는 몰랐고…… 박팽년은 집대성했다고 했는데…… 그 뒤를 이은 자는 서거정, 김수온, 강희맹, 이승소, 김수녕, 성임뿐이다. 그 가운데서도 서거정은 문장이 화려하고, 시는 한유, 육유의 체를 공부해 손을 대면 당장 글이 이루어져 그 염려하기가 무쌍이다居正文章華美 而其爲詩專 倣韓陸之體 隨手輒成 艶麗無雙.

아닌 게 아니라 서거정의 문장과 시는 이러한 절찬을 받을 만하다. 《동문선》의 당당한 서문을 비롯해 〈동국통감을 올리는 전문進東國通鑑箋〉, 〈동문선을 올리는 전문進東文選箋〉, 〈삼국사절요를 올리는 전문進三國史節要箋〉 등의 문장은 경세의 대가일 뿐 아니라 현대적 의미에 있어서의 문학 평론가이며, 깊고 투철한 사안을 지닌 철학자로서의 그의 면모를 나타내고 있다.

그러한 문장을 일일이 제시할 수 없는 것이 유감이다. 다만 다음에 〈죽당기〉의 일부를 소개하는 것은, 대밭에 두어 칸 집을 짓고 죽당이라고 이름한 신숙서의 권에 응해 지은 이 문장 가운데 언급된 대竹에 관한 함축 때문이다. 그는 일단 주제로 삼았다고 하면 무엇이건 궁주의 철리에까지 파고든다. 〈죽당기〉는 그러한 서거정의 관조 태도의 일단이다.

……옛날에 대를 사랑하는 사람이 많았다. 진나라엔 죽림의 칠현이 있었고, 당나라엔 죽계의 육일이 있었다. 왕자유는 대를 벗으로 삼았고, 원찬 또한 그러했다. 장허는 죽림 속에 세 갈래 길三經을 만들었고 공숙은 대밭을 처소로 했다. 백낙천은 기記를 지었고, 두목은 부賦를 지었으며, 양정수는 문으로 나타내고 소자첨은 시로써 논했으나, 이 모두 대의 성정을 말하는 바는 한 마디도 없었다.

대는 사람에게 많은 보탬을 준다. 양주의 소탕은 공세貢稅에 충당되고 위천의 천무千畝 대밭은 봉후와 맞먹었다. 영륜은 율려를 만들었고, 창힐은 이것으로 간책을 만들었다. 장공은 그릇을 만들고, 상인은 이것을 상품으로 한다. 큰 것은 기와를 대신하고 작은 것은 서까래로 쓰인다. 제기도 이로써 만들 수가 있고, 광주리, 화살, 붓, 지팡이, 상자도 만든다…….

대는 그 성질이 곧다. 곧으면 구부러지지 않는다其性直 直不不曲. 대의 속은 비었다. 비어 있으니 받아들일 수가 있다其心虛 虛則有受.

대는 통해 있으되 마디가 있다. 그것은 예다通而節 爲禮. 조리가 있으되 꺾이는 것은 의가 되고, 갖가지 아름다움을 갖춘 점은 인이

여러 덕을 포함하고 있는 뜻이다理而折 爲義 具衆美 仁之包也. 겨울에
도 좋은 것은 지에 속하는 것이요宜於冬 智之屬也, 정연히 우뚝 솟아
강직하며 굽힐 줄 모르는 것은 용기를 나타냄이다挺然特立 剛哉不屈
勇之象也. 사시에 걸쳐 가지와 잎을 바꾸지 않는 것은 지조를 말함
이며貫四時不改 柯易葉 則貞哉其操也……

이렇게 발전해 이 문장은 공부자, 주염계, 기욱, 증자, 왕원지
의 학설에까지 이르러 하나의 대로써 인생의 이치를 해명한다.
《동문선》에 들어 있는 서거정의 부賦는 〈오원자부〉와 〈편복
부〉 두 편인데 이로써도 그의 문재가 비상하다는 것을 알 수
있다. 〈오원자부〉는 쥐 잡는 고양이를 주제로 한 것이다. 그 가
운데 쥐의 성정과 생태를 묘사한 대목은 실로 절묘하다.

쥐는 동물 가운데서 가장 천하다. 털은 짧아 쓸모가 없고, 고기
는 더러워 제상에 올리지 못한다. 뾰족한 수염, 사나운 눈…… 흙
구덩이, 똥 속에 사는 쥐, 담장을 도는 그 간사함, 사직단에 의탁해
사는 그 간교함이여…… 네 배는 차기 쉬운데 계학의 탐욕을 가졌
고, 네 주둥이는 길지 않은데도 창보다 날카롭다. 곁눈질을 잘하고
낮엔 숨고 밤에 나와 내 상자를 뚫고 내 독과 동이를 휘젓는다. 어
찌 내 옷이 안전하며 내 양식이 지탱될 수 있겠는가…….

이것은 쥐의 생태를 빌어 조정에 우글거리고 있는 소인배들

을 풍자한 것이라고 짐작할 수 있다.

"조화造化가 무궁해 만물이 생겼다"로 시작되는 〈편복부〉는,

공중에 높이 나는 기러기도 그물에 걸릴 수가 있고, 독수리도 끄나풀에 매어질 경우가 있는데 박쥐도 은근한 속에 제멋대로 살 수 있으니 웃기는 일이다. 적막한 기나긴 밤, 잠 못 이룰 때 귀뚜라미 슬피 울고 개구리 소란스러워도 싫지 않은데, 박쥐 소리를 듣기만 하면 머리칼이 쭈뼛한다.

이것 역시 남을 모함할 계교만 꾸미고 있는 도배들에 대한 울분의 토로라고 할 수밖에 없다.

쥐와 박쥐에 빙자해서 세상을 풍자할 줄 아는 재능이 《태평한화골계전》을 지은 것이 아닌가 한다. 너무나 널리 알려진 얘기지만, 이것을 생각할 수밖에 없는 것이 나의 취향이다.

김 선생이 친구 집을 찾아갔다. 술상이 나왔는데, 안주라곤 나물뿐이었다. 주인은 가난해서라느니, 저자가 멀다느니 하며 변명했다. 그런데 주인집 뜰에서 닭이 모이를 쪼고 있었다. 그러자 김 선생이 주인보고 말했다. "내가 타고 온 저 말을 잡아서 안주로 하자." 주인이 깜짝 놀라 "말을 잡다니, 갈 땐 무엇을 타려나" 하고 물었다. 김 선생이 답하길, "걱정 없다. 돌아갈 땐 저 닭 한 마리 빌려 타고 가지".

근엄한 가운데도 유머가 있는 서거정의 모습이 눈앞에 떠오르는 것 같다.

평온한 일생을 보낸 것 같아도 그에겐 항상 어두운 그림자가 있었다. 절의에 순절한 동학들의 모습이 지워지지 않았기 때문이다. 서거정이 그처럼 천의무봉한 재능과 훈훈한 인간성을 가졌는데도, 이에 알맞은 칭송을 받지 못했던 것은 절의의 광채 앞에 그의 온건한 인생 태도가 바래져 보였기 때문이다. 그러나 나는 성삼문 등의 절의를 우러러 받들면서도 서거정의 인생 태도와 문학에 최대의 경의를 표한다.

이런 마음으로 볼 때 화성군의 그 재실은 너무나 초라한 것 같았고, 대구 동산동에 있는 귀암서원이 달성 서씨의 위패소로 변해버린 듯한 사실이 슬픈 것이다. 마지막으로 그가 당시의 서울을 읊은 《한도십영》 가운데서 〈목멱상화〉를 골라본다. 목멱이란 남산을 뜻한다. 원시 그대로는,

尺五城南山政高 攀緣十二靑雲橋
華山揷立玉芙蓉 漢江染出金葡萄
長安萬家百花搗 樓臺隱映紅似雨
靑春未賞能幾何 白日政長催羯鼓

척오성 남쪽에 높이 솟은 산, 열둘 청운교를 딛고 올라가니
화산(백운대)은 옥부용을 꽂아 세운 듯하고, 한강은 금포도를 물

들인 것 같구나.

장안 만호의 집들은 꽃밭을 이루고, 누대의 단청을 반사해 붉은 비가 내리는 듯.

아 청춘이여, 앞으로 얼마를 즐길 수 있을진저, 해가 길다고 하지만 갈고를 쳐서 우리 청춘을 만발케 하자.

풀이를 하면 이렇게밖엔 될 수 없으니, 이 시는 정말 아르튀르 랭보를 방불케 하는 기막힌 작품이다. 일러 염려무쌍. 상촌의 평가는 결코 과찬이 아니다.

정도전
- 조선 왕조의 건축사

아무리 처참한 비극도 500년, 1,000년 세월의 저편에 두고 보면 일종의 희화가 되고 만다.

기쁨도 슬픔도 감격도 비분도 세월 속에서 풍화해버리고, 투명한 감상感傷은 남을망정 구태여 진실을 가릴 작위가 개재될 필요가 없다. 그럴 때 정도전이란 인물을 재조명해서 보다 높은 평가의 꽃다발을 바쳐도 무방하리라는, 아니 당연히 그렇게 해야 한다는 생각을 나는 벌써부터 갖고 있었다.

조선조의 건국이 불가피했고, 조선조가 민족사에 영광된 부분이 있다면 당연히 정도전은 민족사에 가장 빛나는 이름이 되어야 한다. 만일 조선조가 민족사의 치욕을 나타낸 것이라면 정도전은 여타의 공적이 있었을망정 치욕을 만든 장본의 일인으로서 역사에 그 의미를 뚜렷하게 해야만 한다.

거기 박물관이 있고, 좋은 산책로가 있기도 해서 한 달에 한 번꼴로 경복궁을 찾게 되는 것이지만 나는 그럴 때마다 정도전을 생각한다. 경복궁을 만든 것이 그일 뿐 아니라 각 궁전, 각 문을 명명한 것이 그였기 때문이다. 그 명명 자체가 시라고 하는 것은 마음속에서 조용히 읊어보면 알 일이다.

궁의 이름은 경복, 연침은 강녕康寧, 동소침은 연생延生, 서소침은 경성慶成, 연침의 남전은 사정思政, 정전과 문은 근정勤政, 동서의 두누二樓는 융문隆文, 융무隆武. 남은 정문, 동은 건춘建春, 서는 영추迎秋, 북은 신무神武. 도성 팔문의 남은 숭례崇禮, 동은 홍인興仁, 서는 돈의敦義, 북은 숙청肅淸, 동북은 홍화弘化, 동남은 광희光熙, 서남은 소덕昭德, 서북은 창의彰義.

정도전은 궁궐만이 아니라 한양을 만들고 도성 내외를 49방으로 나눠 이의 이름을 만들었다. 그는 학자인 동시에 정치가, 군사 전문가, 아울러 건축 예술가, 도시 계획의 전문가이기도 했다.

만든 사실에 중점을 둔다면 한양은 정도전의 한양이다. 그런 뜻에서 신도팔경시新都八景詩는 감상해볼 만하다.

기전산하畿甸山河
비옥하고 풍요할진저 기전의 천 리,
안팎의 산하는 두 사람이 백 명을 당할 수 있을 만큼 험준하고,
덕과 교가 형세를 곁들였으니

역년은 천 세기를 기약할 수가 있다.

沃饒畿甸千里 表裏山河百二 德敎得兼形勢 歷年可卜千紀

도성궁원都城宮苑

높은 성은 천 길이나 되는 쇠 항아리 같고,

오색의 구름이 봉래를 둘렀다.

연년이 상원엔 앵화 가득하고

세세로 도성 사람 즐겁게 논다.

城高鐵甕千尋 雲繞蓬萊五色 年年上苑鶯花 歲歲都人遊樂

열서성공列署星拱

즐비한 관서가 마주 우뚝 서서

마치 별들이 북두칠성을 끼고 있는 듯하다.

달 밝은 새벽, 관아의 길이 물과 같으니

말굴레의 치장엔 먼지 하나 끼지 않는다.

列署岧嶤相向 有如星拱北辰 月曉官街如水 鳴珂不動纖塵

제방기포諸坊碁布

제택은 구름 위로 높이 솟고

여염집은 땅에 서로 연달아 있다.

아침과 저녁에 연화가 피어

번화하고 편안한 한 시대이다.

第宅凌雲屹立 閭閻撲地相連 朝朝暮暮煙火一 代繁華晏然

동문교장東門敎場

북소리 두둥둥 땅을 흔든다.

깃발은 공중에 나부끼는데

만 마리 말이 한결같이 굽을 맞춘다.

그 말들을 몰아 전쟁할 만하다.

鍾鼓轟轟動地 旌旗旆旆連空 萬馬周旋如一 驅之可以卽戎

서강조박西江漕泊

사방의 물건이 서강으로 폭주해 온다.

거센 파도가 이를 끌고 간다.

저 썩어가는 창고의 곡식을 보라.

정사란 식의 족함에 있다.

四方輻湊西江 拖以龍讓萬斛 淸看紅腐千倉 爲政在於足食

남도행인南渡行人

남도의 물이 넘실넘실 흐른다.

사방에서 행인들이 줄지어 온다.

늙은이는 쉬고 젊은 사람들은 짐을 지고

앞뒤 서로 받아가며 노래 부른다.

南渡之水滔滔 行人四至鑣鑣 老者休少者負 謳歌前後相酬

북교목마北郊牧馬

북쪽 교외를 바라보니 숫돌처럼 반들반들하구나.
봄이 오면 풀이 우거지고 샘물의 맛은 달다.
만 마리 말이 구름처럼 뭉쳐 있으니
목인은 뜻대로 서로도 가고 남으로도 간다.

瞻彼北郊如砥 春來草茂泉甘 萬馬雲屯鵲厲 牧大隨意西南

    이렇게 읽어도 당시의 서울을 눈앞에 그려볼 수 없지만 500년 전에도 이곳에 생활이 있었다는 것과 정도전이 이 시를 지었을 때의 의기충천한 모습을 짐작할 수가 있다.

    나는 정도전을 생각하면 태종을 생각하고, 이어 한 무제와 사마천과의 관계를 연상하게 된다. 한 무제는 이미 이름만 남아 있는 위패일 뿐으로, 특히 들먹여본다고 해도 만화 이상으로 더 될 것이 없지만, 사마천은 아직도가 아니라 어쩌면 감동의 원천으로서 길이 살아 있을 것이다.

    태종의 경우도 마찬가지다. 그의 생애는 피로써 물들여진 억센 드라마였을망정, 기껏 한 폭의 만화를 벗어나지 못한다. 그러나 정도전은 그렇지가 않다. 그의 억울한 죽음까지를 합쳐 아직도 그 존재의 의미를 탐색해야 하는 문제로서의 인물이며 감동적인 문제다.

    지금으로부터 꼬박 600년 전, 그러니까 1383년, 정도전은 이성계에게서 자기의 운명을 발견했고, 이성계 또한 정도전에게서 자기의 운명을 발견했다.

이해 정도전은 동북면도지휘사가 된 이성계의 막료가 되었는데, 그 직전의 7~8년은 정도전에게 있어서 실의의 나날이었다. 배원친명排元親明 정책을 주장함으로써, 권신들과 충돌해 회진현, 지금의 나주로 유형을 당하고, 유형을 마친 뒤에도 4년 동안 초야에 묻혀 살아야만 했다.

그랬던 즈음이라 그의 포부는 울발한 바가 있었는데, 이성계의 막하로 들어가 함주에서 그 군대의 위용을 보자 정도전은 이성계에게 그의 운명을 걸 각오를 했던 것 같다. 그렇게 판단할 수 있는 것은 그 후의 그의 행동을 보면 안다. 이성계 또한 이심전심, 그의 운명을 정도전에 걸었다는 것은 그에게 대한 절대적인 신임으로써 알 수가 있다.

이성계에겐 남은, 조준 등 우익羽翼의 부하가 있었지만, 정도전과의 만남 없이는 새 왕조의 창건은 불가능했을 것이다. 그런 까닭에 새 왕조를 창건한 직후의 잔치에서 많은 공신 앞에 이성계는 서슴없이,

"내가 이 자리에 오르게 된 것은 오직 자네의 힘이라."
라고 하고,

"서로 경신敬信해 자손만대에 이르기까지 변함이 없어야겠다."
라며 군신 간 이상의 정의情誼를 나타낸 것이다.

고려조를 뒤엎고 새 왕조를 만든 획책에 있어서도 정도전의 공적이 압도적이었고, 건국 이후 국초國礎를 다지는 데도 그의

공적은 1등이었다. 새 나라가 정도전의 청사진에 바탕을 둔 것이라고 해도 과언이 아니다.

정도전의 아버지 정운경은 공민왕 때에 형부상서의 벼슬까지 오른 사람이며, 수령 재직 시엔 선정을 베풀었다고 해서 《고려사》〈열전〉의 양리전에 수록되어 있다. 청렴한 관리여서 남긴 가산은 별로 없었다고 한다.

정도전의 생년이 확실하지 않은 것은 무슨 까닭인지 모른다. 그가 진사시에 합격한 공민왕 11년, 1362년에 20세가 되었다고 잡고 그의 나이를 짐작해볼 수밖에 없다. 그는 이색의 훌륭한 제자 가운데 하나다. 그의 학문의 진보는 회진현에서의 유배 생활, 뒤이은 향리에서의 전원생활 속에서 이루어진 것이라고 볼 수 있다. 《심문천답》, 《학자지남도》, 《팔진36변도보》, 《태을72국도》 등의 저작은 대개 유배 생활에서 이루어졌다. 회진현 소재동의 부곡민과 생활하면서 남긴 시문으로선 《금남잡영》과 《금남잡제》가 있다.

개국공신 1등으로서 그는 문무에 걸쳐 인신이 차지할 수 있는 최고의 자리를 역임, 또는 겸직하는 동안에 많은 치적을 쌓았다. 그 첫째가 《조선경국전》을 비롯한 새 왕조의 기초를 문서로써 밝힌 저작 활동이고, 둘째는 수도의 이전이다. 당초 수도를 계룡산 신도 안으로 하자는 주장이 있었고, 이에 맞서 인왕산 아래로 하자는 주장이 있었는데, 정도전의 의견이 승리해 현재의 자리로 낙착되었다. 셋째의 치적은 군사 제도의 개혁이다.

그는 배원친명 정책의 주도자로 한때 귀양살이까지 한 처지에 있었으나, 새 왕조 출범 이래 날로 우심한 명나라의 오만한 태도에 반발해 급기야 명나라와 일전해 요동 땅을 회복해야겠다는 사상을 갖게 되었다. 그는 은근히 이 뜻을 태조 이성계에게 통하고 군비를 강화하는 한편, 군사들의 훈련에 힘썼다. 그는 흔히 사대주의자라는 평을 받았는데 그것이 오해에 기인된 것이란 사실을 이로써도 알 수 있다. 그러나 이러한 웅도는 이른바 태조 7년 8월에 발생한 무인 난, 즉 방원의 난으로써 좌절되었다. 그 웅도와 더불어 정도전이 죽어버린 것이다.

정도전은 엄청난 공적을 쌓아가는 그 과정에서 스스로 비극의 원인을 만들어나갔다고도 할 수 있다. 그의 공적 자체가 적을 만들었다.

개국 1등 공신이란 대우는 당연한 것이었지만, 그것은 동시에 동지들의 질시 대상이 되었다. 난관을 헤쳐 싸워나갈 땐, 칭찬의 대상이었던 것이 일단 일이 낙착되어 안정 시대에 들어가게 되면, 그 빛이 낡아지게 마련이다. 정도전은 첫째 동지들에게 있어서 거북한 존재가 되어버렸다. 같이 이성계를 도와 오늘을 이룩한 조준조차도 그에게 반감을 갖게 되었다.

한편 원래 이성계와 정도전의 역성혁명에 반대했던 세력이 미묘한 움직임을 보였다. 이들은 일단 새 왕조에 신속하긴 했으나 마음으로부터 동화할 순 없었는데, 그 양심적인 고민을 정도전에게 적대함으로써 무마하려는 미묘한 심리적인 경향이다. 이성계에 대한 복종은 불가피하다고 하더라도 정도전에 대한 복종까지는 감수할 수 없다는 심정의 소치다. 변계량, 하륜, 권근 같은 인물이 이 세력의 대표적인 존재다.

게다가 정도전은 이성계의 마음을 받들어 방석의 세자 책봉에 동조함으로써 방원의 미움을 사고 있었다. 방원은 정몽주를 암살함으로써 아버지 이성계가 등극하는 길과 시간을 단축한 왕자다. 그만큼 야심만만한 인물이었다.

이만한 조건, 즉 거사의 중심인물이 뚜렷하고, 개국공신의 일부와 고려조 구신舊臣 가운데서의 쟁쟁한 인물을 둘레에 모을 수 있다면 정도전의 파멸은 시간문제였다. 그런데 만사에 있어서 통달해 있는 정도전이 자기를 둘러싼 직접적인 문제엔 인식과 경각이 미치지 못했다는 것은 아이로니컬하다. 자기를 죽일 세력이 문전에 가까웠는데도 불구하고 그는 술을 마시며 한가하게 담소하고 있었으니 말이다.

1398년 8월 26일, 정도전은 남은의 소가에서 변을 당해 방원의 종인 소근에게 목이 잘려 죽었다.

실록엔 다음과 같이 기록되어 있다.

26일 기사己巳, 봉화백 정도전, 의성군 남은, 부성군 심효생 등이 몰래 제왕자諸王子를 살해할 모의를 하다. 정안군 방원(태종)이 이 일을 알고 거사하다. 정도전 등 모두 주살되다. 익일 영안군 방과 세자가 되다.

이어 실록 정종 즉위년 9월 17일 항에, 다음과 같은 기록이 보인다. 간추리면,

　왕(정종), 정안공 방원과 정사공신을 논제하고, 도승지 이문화를 시켜 전지傳旨해 가로되 "국가 창업 미구하니 진실로 단본정시端本正始로서 천명으로 알고 조祚를 만세에 전할지니라. 불행하게도 간신 정도전, 남은 등이 상왕이 병중에 있음을 기화로 어린 왕자를 끼고는 난을 일으켜 우리 제형諸兄을 죽여 기성의 업을 번복하려고 할 새 화禍는 불측에 있었다. 이에 화, 방의, 방간, 방원, 이백경, 조준, 김사형, 이무, 하륜, 이거이, 조영무 등이 분충결책奮忠決策 정난반정定難反正해 종사를 안태롭게 하다".

이다음에 심종, 장사길 등 수십 명의 이른바 이 사건의 공신들을 열거하고, "공로 중대해 영세난망永世難忘이로다. 포상의 전典을 유사有司는 거행하라"라고 했다.

18일엔 정도전, 남은, 심효생, 장지화, 이근 등의 가산을 몰수하라는 영이 내린다.

이렇게 해서 조선 왕조를 만든 정도전은 개국한 지 7년 만에 역적의 낙인이 찍혀 500년 동안 그 수모를 견디어야만 했다. 실록은 권력을 잡는 자의 편이다. 정도전에 관한 석명이 일언

일구인들 용납될 까닭이 없는 것이다.

사실이 과연 그대로인지 아닌지를 지금 따져봤자 소용이 없는 일이지만, 대부분의 학자는 태종을 중심으로 한 반反정도전파의 조작이었다는 결론에 기울어져 있다.

그러나저러나 명백히 말할 수 있는 것은 건국하자마자 노정된 골육상쟁이 조선조 역사의 방향을 크게 바꾸었다는 사실, 정도전 같은 공신이 일로 역적으로 몰려 멸문지화를 당할 수 있다는 사례가 조선사에 심각한 그늘을 드리웠다는 사실이다.

역사에 '만일'이란 설문은 한갓 센티멘털리즘에 지나지 않지만, 정도전이 천명을 다해 선종할 수 있도록 조선조 초기의 정치 상황이 전개되었더라면, 조선조의 역사는 청량한 빛깔을 띠고 융융한 민족의 한 시기를 이루었을 것이 아닌가도 싶다.

정도전의 비참한 죽음은 원대한 포부와 과단성 있는 정치가 이 나라에선 보람을 볼 수 없다는 운명적인 시사 같기도 하다. 보다도 정도전과 세자인 아우 방석을 죽임으로써, 방원은 조선조에 있어서의 왕위의 도의적인 바탕을 허물게 하고, 나아가 왕의 참된 의미에 있어서의 위신을 말살했다고 보아야 한다. 스스로 그 도의적인 바탕을 허물게 하고 위신을 말살해버린 왕위에 앉게 된 태종이 역사적으로 만화가 되지 않을 수 없는 것은 당연한 일이다.

정도전은 스스로의 운명을 미리 알기라도 한 듯, 그의 사세

시辭世詩라고 해도 좋을 오언 절구가 있다. 회진현으로 귀양 갔을 무렵의 것이다.

> 예부터 한 번의 죽음은 있다.
> 도둑질한 편안은 편안이 아니다.
> 아득한 천 년 후에도
> 영웅의 뜻은 추천에 비끼리라.
> 自古有一死 偸生安非所安 寥寥千載下 英烈橫秋天

아닌 게 아니라 그의 뜻은 1,000년의 세월을 감당하고도 남음이 있을지 모른다. 그러나 만일 그가 세인트헬레나의 나폴레옹처럼 술회할 수 있는 기회를 가졌더라면 그도 역시, "내게 있어서 최대의 적은 나 자신이었다"라고 말했을지 모른다.

정약전
― 사신에 쫓기며 남긴 《자산어보》

 흑산도엘 갔다. 서울에 앉아 생각하노라면 아득한 섬이다. 그러나 요즘엔 쾌속선이 있어 목포에서 두 시간이면 갈 수 있다. 7~8년 전엔 여덟 시간이 걸렸다고 하니 200년 전의 흑산도는 정말 천애의 섬이었을 것이다.

 흑산도에 가서 정약전 선생의 적소를 찾았다. 아는 사람이 없었다. 학교로 찾아가서 혹시나 하고 문의했지만 모른다고 했다. 흑산도를 중심으로 한 대소의 섬을 두루 돌아다니며 수소문을 했지만 허사였다. 장소는커녕, 정약전 선생이 이곳에서 살았다는 기록 하나, 표적 한 가지도 없었다. 허망하다는 탄식이 절로 나왔다.

 흑산도는 천주교도에 대한 이른바 신유교난으로 귀양살이를 하게 된 정약전이 1801년부터 1816년에 죽을 때까지 꼬박 16년 동안을 살았던 곳이다. 죽어 아득히 167년이 흘러간 세월의 이편에 앉아, 그 흔적의 유무를 따져보았자, 슬픔에 가감이 있을 까닭이 없지만, 선인을 모시는 우리의 정성이 딴 나라에 비해 너무나 소홀하다는 느낌은 쓸쓸했다. 정약전은 그렇게 대접해서 좋을 인물이 아닌 것이다.

연보에 의하면 정약전은 1758년 진주목사 정재원의 아들로 태어나, 자를 천전이라고 하고, 호는 손암, 일성루, 매심재라고 했다. 또 정경재라는 호도 있다. 1790년 증광 문과에 급제해 초계문신을 거쳐 1797년 병조좌랑이 되었으나, 이윽고 천주교에 입교해 벼슬을 버리고 전교에 힘썼다.

잠깐 정씨 일족과 천주교와의 관계를 살펴본다. 정재원에겐 4남 1녀가 있었다. 약현, 약전, 약종, 약용과 이치훈에게 출가한 딸이다. 셋째 아들인 약종은 그 학과 덕으로 천주교계의 중진으로서 천주교회의 회장으로 추대되었다. 세례명은 '오스틴'이라고 하고, 《주교요지》 두 권을 한국어로 출판해 대중의 교화에 위대한 공적이 있었다. 1801년 신유의 교난을 맞아 체포되어 1월 26일 서소문 밖 형장에서 참수형을 당했다.

장남 약현의 딸은 이미 유명한 황사영의 아내. 신유의 박해가 있을 때, 황사영은 충청도의 후미진 토굴에 숨어 《황사영 백서》를 기초했다. 그 일이 탄로 나서 1801년 11월 5일 능지처참이란 극형을 당했다. 뿐만 아니라 그의 전 재산은 몰수당하고 죄는 삼족에 미쳐 어머니는 거제도에, 아내(약현의 딸)는 제주도에, 단 하나의 아들은 추자도에 유배되어 전 가족이 이산된 채 슬픈 말로를 밟았다.

정재원의 외동딸이 시집간 이치훈은 이승훈의 동생이다. 승훈은 한국에 있어서의 수세受洗 제1호다. 승훈은 신유박해에 있어서 사교邪敎의 괴수란 죄목으로 약종과 함께 서소문 형장에서 참형되었다. 치훈은 황사영의 백서 사건에 연좌되어 귀양살이를 했는데, 후년 '백서 위조설帛書爲造說'을 선포해 신유박해의 주동자였던 벽파를 공격함으로써 조야를 아연케 한 일이 있다.

참수형을 받은 약종의 아들 하상은 비참한 일가의 운명에 굴함이 없이 잠행해 1837년 주교 앙베르를 국경에서 맞아들여 서울로 인도한 사람으로, 그해 8월 15일 자기 아버지가 처형된 서소문 형장에서 조용히 참형을 받았다.

이남 약전의 딸은 홍봉주에게 출가했다. 홍봉주는 세례명을 '토마'라고 했다. 1860년 이래 전 승지 남종삼과 더불어 전도에 활약했는데, 영불英佛과의 동맹을 건의하다가 대원군의 비위에 거슬려 병인대박해 때, 1월 21일 참수되었다.

이렇게 정씨 일족은 한국 천주교의 역사에 그들의 피를 주입하고 있는 것인데, 남은 삼 형제도 모두 재화를 면하지 못하고 귀양살이하는 운명을 겪었다. 다산의 호로서 일세에 유명한 정약용은 전라도 강진에서 18년 동안 배소 생활을 했고, 약전은 흑산도로 유배되어 결국 그곳에서 죽게 된 것이다.

약전이 학문의 업적에 있어선 동생인 다산에게 비할 바가 못 되나, 학자로서의 자질과 통찰력, 창발적 사고에 있어선 오히려 우월하다고 지적할 수 있는 것은 그의 저서 《논어난》, 《자산역간》, 《송정사의》 등에 번뜩이고 있는 천재적 견식 때문이다. 그러나 내가 정약전에게 특별한 관심을 가진 것은 천주교도로서의 그의 신앙 때문도 아니고, 학자로서의 업적 때문도 아니고, 다산의 형이라는 사실 때문도 아니다. 그가 남긴 저서 가운데 하나인 《자산어보》가 나를 울린 것이다.

정문기 씨의 번역으로 된 《자산어보》를 인사동 통문관에서 발견한 것은 5년 전, 그러니까 1978년의 어느 날이다. 나는 이 책을 읽으면서 종전 어떤 시서에서도 느껴보지 못했던 색다른 감동을 얻었다. 어쩌면 이 세상에서 가장 슬픈 책이 아닐까 하는 감상마저 있었다. 그 책머리에 약전은 다음과 같이 쓰고 있다.

자산은 흑산이다. 나는 유배되어 있어서 흑산이란 이름이 무서웠다. 집안사람들의 편지엔 흑산을 번번이 자산이라 쓰고 있었다. 자玆는 흑黑 자와 같다. 자산의 해중 어족은 매우 풍부하지만, 그러나 그 이름이 알려진 것은 적다. 마땅히 박물학자들이 살펴보아야 할 곳이다. 나는 섬사람들을 널리 만나보았다. 그 목적은 어보를 만들고 싶어서였다. 그러나 사람마다 그 말이 다르므로 어느 말을 믿어야 할지 알 수 없었다. 섬 안에 장덕순이란 사람이 있었다. 두문불출하고 손客을 거절하면서까지 열심히 고서를 읽고 탐독하고 있었다……. 성격이 조용하고 정밀해 초목과 어조 가운데 견문한 것을 모두 세밀하게 관찰하고 깊이 생각해 그 성질을 이해하고 있었다……. 나는 드디어 이분을 맞아 함께 묵으면서 물고기의 연구를 계속했다. 이리하여 조사 연구한 자료를 차례로 엮었다. 이것을 이름 지어 《자산어보》라고 했다. 그 부수적인 것으로는 물새海禽와 해채海菜에까지 확장시켜 이것이 훗날 사람들의 참고 자료가 되게 했다…….

수산에 관한 《고문헌》, 《어명보》 같은 것이 전에 없었던 바는 아니지만, 정약전의 《자산어보》가 한국에 있어서 어류학의 시작이 아닐까 한다. 그 어류학이 현대의 어류학에 공헌한 바가 어느 정도일지는 알 수가 없으나, 나는 그 역사적 의미는 대단히 크리라고 생각한다. 아니, 그 역사적 의미를 상회해 정약전이란 이름을 부각하게 함으로써 정신적인 의미가 위대하리라고 생각한다.

당시 약전은 정치의 주류, 사회의 주류에서 완전히 밀려나 있던 사람이다. 뿐만 아니라 일반인의 생활에서부터도 소외되어 있던 사람이다. 귀양살이가 끝나길 기다리기는커녕 변덕스러운 조정, 끈질긴 반대 당의 모함으로 언제 바다를 넘어 사약이 들이닥칠지 모르는 불안 속에 있었다.

이러한 가운데서도 민족의 후생을 생각하고, 조금이라도 백성의 생활에 도움이 되고자 하는 일을 모색한다는 것은 범상한 인간으로선 꿈도 꾸어볼 수 없는 일이다. 기껏 처량한 감회를 적어 시를 읊고, 강개의 뜻을 적어 문文으로 만들어 조소潮騷에 영탄하고, 명월에 체루涕淚하고, 일호탁주—壺濁酒에 비분해, 고도孤島에서의 나날을 달래보는 것이, 고작 그 생활의 내용일 것이다.

그런데 약전은 그렇게 하지 않았다. 비록 유배의 몸이지만 무위의 세월을 흘려보내선 안 되겠다고 생각했다. 단 한 치, 단 한 움큼이라도 민족에 이로운 일을 하고 싶었다. 해야 된다고 생각했다. 그러자면 나는 무엇을 해야 하느냐. 흑산도에 물고기가 많다. 해금도 많다. 해초도 많다. 이것을 민족의 지식으로 만들어야 하겠다. 그러기 위해선 정확한 이름을 밝혀야 하겠다. 그 생태를 알아야 하겠다. 나아가 영양과 치병에 이용될 수 있도록 그 이치를 따져야 하겠다. 약전은 그리하여 이《자산어보》를 만든 것이다.

그는 고기를, 비늘을 가진 인류鱗類와 비늘이 없는 무인류無鱗類 그리고 개류介類로 삼대별三大別하고, 인류로선 애우치大鮸, 민어鮸魚, 조기蹈水魚로부터 시작해 농아리螯刺魚에 이르기까지 71종을 망라하고, 무인류로선 가오리를 비롯해 굴명충屈明蟲, 음충淫蟲에 이르는 44종을 망라하고, 개류로선 거북을 비롯해 구배충龜背蟲, 개부전楓葉魚에 이르기까지의 66종을 망라하고 있다.

잡류라고 해서 해충, 해금, 해수海獸, 해초를 적었다. 그런데 그 관찰과 기술이 소상하다는 것은 예컨대, 인류에 속하는 상어鯊魚의 항을 보면 기름상어, 참상어, 게상어, 죽상어, 비조상어, 왜상어, 병치상어, 줄상어, 모돌상어, 저자상어, 귀상어, 사치상어, 은상어, 환도상어, 국치상어, 철갑상어, 내안상어, 총절입 등으로 세밀하게 분류하고 있는 것을 보아도 알 수 있다.

게의 종류가 벌덕게, 살게, 농게, 돌장게, 삼게, 노랑게, 흰게, 화랑게, 몸살게, 참게, 뱀게, 콩게, 꽃게, 밤게, 둥게, 가게, 흰돌게 등으로 17종이나 된다는 데엔 놀랄 수밖에 없다. 해초에 관해선 35종을 적고 있다.

50세를 넘은 봉발폐의蓬髮幣衣 정약전이 역시 그와 같은 몰골의 장덕순을 조수로 해 이 모든 종류를 관찰하고 극명히 기록하고 있는 모습을 상상할 때 일종의 처절한 감회를 갖지 않을 수가 없다. 다음에 보기로 농어鱸魚에 관한 기록을 든다.

농어는 큰 놈은 길이가 열 자 정도, 몸이 둥글고 길다. 살진 놈은 머리가 작고 입이 크며 비늘이 잘다. 아가미鰓는 두 겹으로 되어 있고 엷고 약해 낚싯바늘에 걸리면 찢어지기 쉽다. 색은 희고 검은 점이 있고 등은 검푸르다. 맛이 담백해서 좋다. 4~5월 초에 나타났다가 동지가 지나면 자취를 감춘다. 담수를 좋아한다. 장마 때, 물이 넘칠 때 짠물과 단물이 섞이는 곳에 낚시를 던지면 잘 물린다.

흑산에서 난 것은 여위고 작다. 맛도 육지 연안에서 잡히는 놈보다 못하다. 농어의 치어는 속명으로 포농어, 또는 깔다구라고도 한다. 《정자통》에 의하면 농어는 쏘가리를 닮아 입이 크고 비늘이 잘며 길이가 2~3치에 달하는데, 아가미가 네 개 있다. 그래서 이를 속칭 사새어四鰓魚라고 부른다고 했다. 이시진은 농어는 저장 성 쑹장에서, 4~5월경에 많이 잡힌다고 했는데…… 그러나 중국 저장 성의 농어는 짧고 작은지라 우리나라의 농어와는 다르다.

이 정도의 기록이면 현대 어류학에 백중하고 있다고 볼 수 있지 않은가. 그런데 이러한 정밀한 기록 가운데 정약전은 간혹 유머러스한 견해를 섞기도 한다. 그것이 다음과 같은 대목이다.

　가오리鱝魚. 홍어. 큰 놈은 넓이가 6~7자 안팎으로 암놈은 크고 수놈은 작다. 모양은 하엽(연꽃 잎) 같고 빛은 검붉고 코는 머리 부분에 자리하고 있으며 그 기부基部는 크고 끝이 뾰족하다. 입은 코 밑에 있고, 머리와 배 사이에 일자형의 입이 있다. 등 뒤에 코가 있으며 코 뒤에 눈이 있다. 꼬리는 돼지 꼬리 같다. 꼬리 중심부에 모지고 거친 가시가 있다.
　수놈에겐 양경이 있다. 그 양경이 곧 척추다. 모양은 흰 칼과 같다. 그 양경 밑에 고환이 있다. 두 날개에는 가는 가시가 있어서 암놈과 교미할 때에는 그 가시를 박고 교합한다. 암놈이 낚싯바늘을 물고 엎드릴 적에 수놈이 이에 붙어서 교미하다가 낚시를 끌어올리면 나란히 따라 올라온다. 이때 암놈은 먹이 때문에 죽고, 수놈은 간음 때문에 죽는다고 할 수 있는바, 음淫을 탐내는 자의 본보기가 될 만하다或雌者含釣而伏 則雄者就而交之 擧釣則並隨而上 雌死於食 雄死 於淫 可爲貪淫者之戒.

이어 번식 과정, 그 식용성, 약용성에 관한 기술이 계속되는데 인용한 마지막 부분은 원문 그대로를 읽어야 유머러스한 멋이 더하다.

《자산어보》의 내용을 전부 여기에다 소개할 순 없다. 그 관찰의 정확, 그 기술의 간명과 주도, 고금 문헌, 즉《정자통》과 《본초강목》 등과의 조합으로서 엄연한 과학서를 이루고 있을 뿐만 아니라, 어류학의 고전이라고 판단할 수도 있지만, 나는 이것을 문학으로서 읽을 수밖에 없다고 생각한다.

일구일절一句一節 적당한 조사措辭로 된 문학적 표현이란 사실을 두고 하는 말만이 아니라, 그 과학적 정열이 과학을 넘어선 정신의 광휘로 인해 과학적 성과에서 얻는 이상의 감동을 얻을 수 있기 때문이다. 문자가 지니는 위력만으로도 그렇다.

절해고도의 유배 죄인으로서의 신산과 고독 속에서 한 가닥 집념을 좇아 관찰 연구한 결과를 "대면, 속명은 애우질이며 큰 놈은 열 자가 넘으며大鮸,俗名艾羽叱 大者丈余" 운운하고 적었을 때, 비록 그것이 두보의 "나라는 망해도 강산은 그대로이니 성에는 봄이 오고 초목이 우거졌구나國破山河在 城春草木深" 같은 천고의 명시일지라도 정약전의 이 경질硬質의 문장을 당해낼 수 없으리라는 것은 나의 감상의 소치만이 아니다. 어떤 비문학적 문장이 문학적 문장 이상으로 문학이 될 수 있다는 것도 역사의 묘미, 인생의 묘미가 아닐 수 없다. 오늘날 어류학이 발달해 《자산어보》가 어류학적 문헌으로서의 실질적인 가치를 잃었다 하더라도 나는 그 책이 문학적인 문헌으로 길이 남아야 하며, 그렇게 남겨야 할 것이라고 믿어 마지않는다.

나는 거룻배 하나를 전세 내어 타고 흑산도와 그 주변의 섬을 골고루 돌았다. 억겁의 세월에 풍화한 동굴이 있었고, 천연의 무위지공無爲之工이라고도 할 수 있는 절벽의 묘妙도 보았고, 암벽 아래쪽에 붙어 있는 해초류, 특히 미역이 한 많은 여인의 머리칼처럼 물 밑에 너울거리고 있는 것을 보았다.

아득한 수평선은 그의 꿈이 서쪽 세계를 향해 달린 방향이기도 하고, 어쩌면 구원의 손길이 올지도 모르고 어쩌면 사신이 나타날 화선禍線이었을 것이란 짐작에 곁들여 끝끝내 그의 포부를 펴지 못하고 흑산도에서 끝난 그의 58년의 평생을 새삼스럽게 슬퍼하지 않을 수 없었다.

그의 신앙의 실상이 무엇이었을까. 그것을 알 까닭은 없지만 교리에 대한 단순한 신앙은 아닐 것이었다. 유불儒佛의 사상으로 교착되어 있는 두뇌가, 그 일단만이라도 잠견하게 된 서양 문물에 놀랐다. 닫혀 있는 두뇌가 아니라 열려 있는 두뇌였으면 당연히 그러했으리라. 그 놀라움이 서학에의 관심이 되고, 그것이 또한 서학을 있게 한 본원인 천주에 대한 신앙이 되었으리라. 그 신앙과 더불어 받아들인 서양의 문물을 우리 지

혜와 조화하면 낙후되어 있는 나라와 더불어 우리의 영혼을 구할 수 있으리라. 이러한 상상이 외람될지 모르지만 나는 그렇게 믿고 싶은 것이다.

흑산도엔 뜻밖에도 외지에서 흘러들어 온 아가씨들이 많았다. 떠나는 전날 밤 나는 그 아가씨들과 더불어 술을 마시며 파시波市를 노리고 그곳으로 왔다는 그녀들의 애달픈 사연을 듣고 슬픈 노래도 들었다.

그러나 《자산어보》 이상으로 슬프지가 않았다. 《자산어보》는 얼마나 많은 인재가, 얼마나 많은 우리 민족의 기막힌 가능성이 그 포부를 펴지도 못한 채 그 가능성을 짓밟혀버렸는가를 증시한 원한의 서書이며, 항변의 서다. 이 책은 그 성립 과정과 더불어 민족의 교재가 되어야 한다.

홍계남 장군
― 임란에 피고 진 서출 거목

  듣기만 해도 특별한 감회가 이는 그런 지명이 있다. 가령 안성과 같은 곳이다. 안安이라는 글자는 보기만 해도 마음이 편안해지는 글자다. 어떻게 해서 이곳이 안성이란 이름으로 되었을까.
  나는 두 번째 안성을 찾았다. 홍계남 장군의 사적을 둘러보기 위해서다. 벼 베기는 이미 끝나고 들엔 군데군데 볏가리가 쌓여 있었다. 안성은 이제 만추의 계절로 접어들고 있는 것이다. 궈근우 처홍사, 청용사이 병풍처럼 옹호하고 고리環처럼 둘러져 있다는 뜻으로 "천흥청용 병옹환열天興靑龍 屛擁環列"이라고 했는데, 천흥산, 청용산이 어느 산을 가리키는지는 내가 만난 그 지방 사람은 몰랐다.
  남쪽으로 서운산, 동쪽으로 백운산이 각각 15킬로미터 정도로 등거리에 있고, 바로 가까운 북쪽에 겹쳐 있는 산의 앞쪽이 비봉산, 그 뒤쪽이 구포산인데 광활한 들 가운데로 남천이 흐르고 있다. 눈을 놀라게 하는 절승, 감동을 유발하는 독특한 풍광이 아닌, 그러면서도 유연한 아취 같은 것을 풍기고 있는 경색에는 왠지 마음을 부드럽게, 편하게 하는 느낌이 있었다. 비로소 안성이란 이름에 무슨 감이 잡히는 것 같았다. 하기야 안성에 와서 불안해서야 말이 안 된다.

안성을 두고 읊은 허식의, 흡사 프랑스의 상징파를 방불케 하는 시가 있다.

> 풍류를 좋아하는 나그네는 원래 조롱 밖의 새와 같다.
> 누가 우물 안 개구리를 부러워하랴.
> 산 고을에 오가며 봄 경치를 찾으니
> 비가 갠 울타리에 살구꽃이 붉었다.
> 逸客本同籠外鳥 世大誰羨井中蛙 揭來山郡探春事 離落雨晴紅杏花

살구꽃 붉게 피고 있는 울타리 안에 누가 살고 있었는가는 허식만이 알고 있을 일이지만, 안성의 로맨티시즘이 추경 속에서 춘시를 읽는데도 가슴에 저며든다.

안성읍에서 남쪽으로 6킬로미터의 지점인 목촌에 홍계남 장군의 비각碑閣이 있다. 후손 홍재철 씨와 홍관표 씨의 정성에 안성 군민들이 호응해 1977년 말에 세워진 비각이라고 들었다. 그 전엔 고루비故壘碑만이 풍설 속에 우뚝 서 있었던 것이다. 고루비는 홍계남 장군 고루비有明朝鮮國洪將軍季男故壘碑라고 되어 있다.

비명에 의하면, 이 비는 홍 장군 사후 140여 년에 군민들에 의해 세워진 것이다. 안내판에는 영문과 국문으로 다음과 같이 적혀 있다.

이 비는 1592년 임진왜란 때의 의병장 홍계남의 옛 싸움터에 세운 전적비戰蹟碑인데, 장군의 고향 안성 군민이 그의 전공을 기리어 1745년(영조 21년)에 세웠다. 장군은 임진왜란이 일어나자, 신립 장군의 휘하에서 탄금대 싸움에 참여했으며, 고향에 돌아와 의병장이 되어 목촌, 죽산, 양지, 용인 등지에서 유격전을 벌여 적의 기세를 크게 꺾었다.

이 공으로 수원판관 겸 기호양도조방장이 되었고, 후에 영천군수 겸 경상도조방장이 되었는데, 전란 중 함안, 의령, 곡성, 구례, 고성, 영천, 경주, 안강, 상주 등지에서 격전했으며 죽은 후에는 판돈녕부사(정1품)에 승직되었고, 충효대절의 모범이었다. 국란에 나라와 백성을 위해 의병의 선봉에 선 장군의 용맹과 애국심은 우리의 사표가 될 것이다.

소림疏林의 추색에 물든 조촐한 비각 언저리에서 한동안 서성거리다가 근처 마을에 있는 강양공(홍계남의 6대조)의 사당을 보고, 용두리에 있는 홍자수(홍계남의 부친)의 묘를 찾았다.

임진란 후 나라에서 하사한 꽤 넓은 임야의 한구석에 자수의 묘는 이끼가 끼기도 하고 마멸되기도 한 비석을 앞에 하고 초라한 모습이었다. 그리고 거기서 얼마 안 되는 곳에 자수의 삼남 전의 무덤이 있었다.

나머지 아들들의 무덤도 그 근처에 있다고 했는데 장군의 무덤만은 그곳에 없었다. 그의 묘는 평산에 있다고 하지만 평산은 휴전선 이북이다. 확인해볼 도리가 없다. 일설에 의하면 그의 출생에 따른 유감으로 본인이 고향에 묻히길 원하지 않았다고도 한다.

계남은 자수의 서자다. 서자라고 해서 그가 얼마나 천대를 받았는가는 그들의 족보를 보아도 능히 짐작할 수 있다. 족보엔 자수의 정실에서 난 아들 진, 제, 전, 뇌 넷을 열거한 끝에 그는 외자 이름을 얻지 못하고 막내 사나이란 뜻의 '계남'이란 이름으로 적혀 있다. 이로써 더러는 계남을 자수의 막내라고 치고 있는 것 같지만, 그렇지가 않을 것이란 사실은 계남을 낳았을 때 자수의 나이가 26세였다는 것으로 알 수가 있다. 26세 이전에 아들 넷을 다 낳았을 리가 없다.

그래서 나의 추측으로는 계남이 나면서부터 정식 이름을 얻지 못하고 '막나니'로 불렸던 것이 아닌가 한다. 그러다가 장성하자 이에 근사한 이름 '계남'으로 되었을 듯싶다.

당시의 사회 구조는 서출에 대해서 가혹했다. 서출이란 이

유만으로 모든 출세의 가능성이 봉쇄되어 있었다. 그러나 이 것은 사회적인 경우고 집안에 따라서는, 즉 가정적으로 별반 차별 없이 자랄 수도 있었을 것인데, 남양 홍씨의 가풍은 유별 나게 엄했던 것으로 짐작된다. 특히 자수의 정실, 청주 한 씨의 가독이 계남에게는 지독한 학대가 되었던 것 같다.

그러한 학대 속에서도 계남은 비굴하지 않게 자랐다. 문무 에 걸친 비상한 재능, 불퇴전의 의지, 출중한 용력 등은 형극을 헤치고 거목으로 자랄 바탕을 이루었다.

출생이야 어떠했건 계남은 6척 가까운 위장부로 준수한 얼 굴을 가지고 있었던 모양이다. 그 무술 또한 뛰어난 것이었다 고 한다.

1590년 계남은 황윤길, 김성일 등의 통신사 수행원으로 일 본에 갔었다.

그때 일본의 서울 경도에서 피아의 권유를 물리칠 수가 없 어 홍계남이 검술과 기사술騎射術을 대중 앞에서 보인 적이 있 었는데 만좌는 넋을 잃고 그 신기에 가까운 무술에 감탄했다 고 한다.

《국조보감》에는,

서인 홍계남은 중의위 언수(자수)의 첩자로서 담력이 강하고 용 맹이 있었으며 말을 타고 활을 쏘는 무술에 능했다. 통신사로서 일 본에 갔을 때 왜인들이 그 기사를 보고 그 이름을 알게 되어 기록했다.

庶人洪季男……忠義衛彦秀(自修)妾子也 有膽勇善騎射 從通信使 入日本 倭人觀其騎射記其名

라고, 간단하게 쓰고 있지만 실제는 대단했던 모양이다. 계남이 능력에 비해 그 직위가 낮은 이유가 서출에 있다는 사실을 알고 일인들은 높은 지위와 많은 재물을 제공하는 조건으로 그를 포섭하려고 했지만, 그는 단연 이를 거부하고 한 조각의 선물도 받지 않았다는 기록이 있다.

"홍계남을 포섭하는 것은 일성一城을 차지하는 거나 마찬가지다."

하는 내용의 말들이 도요토미 히데요시의 양자 히데쓰구의 주변에 떠돈 것으로 미루어서도 그의 출중함이 사람들의 이목을 끌 만했다는 사실을 알 수가 있다.

임진란이 발발했을 때 계남의 나이는 29세. 그 무렵 그는 이일의 막하에 있었다. 이일의 군대는 상주에서 크게 패했다. 대장 이일이 도망처버렸다. 계남은 신립의 막하로 들어갔다. 신립 또한 충주 탄금대에서 패해 전사했다. 계남은 어가御駕를 따라가려고 했으나 그가 서울에 도착했을 때 임금은 이미 서행西行한 뒤여서 단념할 수밖에 없었다.

계남은 향리로 돌아와서 아버지와 형제들과 합심해 의병을 모았다.

계남이 이끄는 의병은 죽산, 양지, 용인 등지에서 적을 무찔렀다. 이 첩보를 들은 임금 선조는 계남을 수원판관에 임명하고 아울러 기호조방장의 임무를 주었다. 이 임명장을 받기에 앞서 아버지 자수가 죽산에서 전사했다. 그때 계남은 타처에서 전투 중이었는데 이 소식을 듣고 급거 돌아왔다. 그때는 왜병이 자수의 시체를 안성으로 옮긴 뒤였다. 계남은 안성에 달려가 성 밖에서 크게 외쳤다.

"아버지를 죽인 네놈들을 몰살하고야 말겠다."

왜병은 이 용맹스러운 장군을 사로잡을 요량으로 자수의 시체를 성 밖으로 내던져주고는 기병을 동원해서 계남을 포위했다. 계남은 한 팔로 아버지의 시체를 안고, 한 팔로써 적의 예봉을 막아 포위망을 벗어났다.

장군은 수개처에 상처를 입었으나, 아버지의 시신을 안치한 후 다시 적진으로 쳐들어가 적에 심대한 타격을 주었다.

이 일로 선조는 도신을 시켜 육식을 전했으나 그는 먹지를 않았다고 기록되어 있다.

이제 계남에게는 나라를 위한 싸움인 동시에 아버지의 복수를 위한 싸움이 되었다. 그해 11월에 의병을 증모하기 위한 격문을 스스로 지어 각 지방에 통보했다.

그것이 유명한 〈통고호서열읍격문通告湖西列邑檄文〉이란 것이다.

"이 땅에서 나는 음식을 먹고, 이 땅의 공기를 호흡하는 자

食土含氣者는 마땅히 무기를 베개로 삼고 와신상담 군부의 원수를 갚아야 한다"라고 시작한 이 격문은 그 기백과 조사措辭에 있어 가히 명문이라고 할 수가 있다.

계사년에 들어 그는 영천군수에 제수되고 아울러 경상도조방장의 임무를 맡았다. 이 무렵 적은 해안으로부터 올라와 경주 지방을 침범하고 안강현에서는 남녀 5,000명을 납치해 갔다. 장군은 감연 행동을 단행, 적을 격퇴하고 남녀 5,000명과 재물을 고스란히 탈환했다. 이로써 그의 성명聲名은 영남 일대에 크게 퍼졌다. 경주 지방의 전투에서 그가 발휘한 용맹은 일본 측의 기록에도 있다. 이어 홍 장군은 적이 나타났다고 하면 교묘한 유격전을 벌여 적을 무찔렀다.

특히 의병장 곽재우와는 긴밀한 연락을 취하고 있었다.

이에 앞서 계사년 6월, 적은 진주성을 치려고 10만의 병력을 동원했다. 제반 상황과 정보를 검토한 후, 곽재우는 순변사 이빈의 진주성을 구원하라는 명령에 대해,

"권자는 능히 용병用兵하고 지자智者는 요적料敵한다. 적병은 매우 강성해 중과부적이라, 삼리고성三里孤城을 어떻게 지킬 수 있을 건가. 하물며 제장諸將이 모두 성중으로 들어가면 내외의 응원지세應援之勢를 잃는 것이니 나는 성중으로 들어가지 않겠다."

라고 했다. 곽재우와 뜻을 같이한 홍계남이 진주성에 가서,

"일성의 수비도 중요하지만 그보다 최후의 승리가 중요하

다. 무모한 수성을 한다는 건 비록 충의의 명분을 세울 수 있을지 모르나, 많은 희생을 냄으로써 전세의 대국을 만회하기 위한 전력을 상실케 할 위험이 있다. 일단 성을 버리고 안전지대로 병력을 옮김으로써 적의 공격 목표를 분산시켜 기병 전술로 적을 섬멸함이 가할까 한다. 10만의 적세를 막아내기엔 우리의 병력이 너무나 약하다."
하고 진언했다.

그러나 김천일, 최경회, 황진 등은 이 제안을 일축했다. 더욱이 황진은 노기에 찬 음성으로, 비겁한 놈들은 물러가라고 했다. 황진은 통신사 일행을 따라 일본에 갔을 때 홍계남이 직접 상사로서 모시고 있었던 사람이다.

홍계남은 그 길로 나와 함양에서 도원수 권율에게 보고한 다음, 운봉에 진을 치고 있는 곽재우 군에 합류했다.

이 일을 두고 후일 홍계남을 비난하는 사람이 더러 있다. 호한浩瀚한 《임진전란사》를 쓴 이형석 씨도 그 저서 가운데서 홍계남의 이때의 행동을 옥에 티인 것처럼 적고 있다. 그러나 내 생각이 다른 것은, 진주성을 지키려다가 순국한 삼 장사(김천일, 최경회, 황진)를 비롯한 장졸들의 공은 물론 높이 치하한다고 하더라도, 작전상 다르게 생각했다고 해서 곽재우와 홍계남을 비난할 수 없다는 이유 때문이다. 결과론이 될지 모르지만, 진주성의 함락이 필시의 사실이었다면 그 참화를 피하고, 그 병력으로써 후일을 기해볼 만도 했던 것이다.

홍계남이 전후 5년 동안에 세운 전공은 일일이 열거하기가 벅차다. 그런데 그사이 적잖은 곤욕도 겪었다. 명군明軍 사대수의 시기에 의한 각가지 방해가 있었고, 이몽학의 역변에 가담했다는 혐의를 받아 한때 체포되기도 했었다. 그러나 그러한 곤욕을 겪고도 그의 충성은 변하지 않았는데 정유재란이 시작된 지 얼마 안 되어 진중에서 죽으니, 그때 그의 나이는 34세였다.

체찰사 이원익은 "왜적을 섬멸하지 못한 이때에 공은 어디로 갔단 말인가" 하는 비통한 제문을 올렸고, 임금 선조는 그에게 판돈녕부사를 증직하는 한편, 그의 충의대절을 실록에 등재케 했다.

나는 안성읍과 서운면과의 경계에 있는 홍 장군의 애마가 묻혔던 흔적이라고 하는 '말 무덤'을 돌아보고 좌성산에 올랐다. 좌성산은 홍 장군이 거기서 왜적을 격파한 '엽돈령 산성'이 있는 곳이다.

격전의 흔적은 400년 저편으로 사라져 없어지고 앙상한 관목과 잡초만이 추경 속에 시들어가고 있었다.

풀을 깔고 앉아 나는 언젠가 해보던 생각을 다시금 되뇌어보았다. 허균이 쓴 《홍길동전》의 모델은 혹시 홍계남 장군이 아니었을까 하는 생각이다.

홍계남과 홍길동은 출생이 비슷하다. 그 출생으로 인해 받은 박해도 비슷하다.

허균은 서출들의 불만에 동조해 난을 꾸미기로 한 사람이다. 그의 형 허성은 서장관으로서 홍계남과 같이 일본에까지 갔다 온 사람이니 그로부터 홍계남의 무술에 관한 얘기를 전해 들었을 것이고, 홍계남이 임진·정유의 전란에서 세운 무공도 들어 알고 있었을 것이다.

 이런 사정을 살펴볼 때 허균의 《홍길동전》의 모델을 홍계남이라고 단정할 수는 없을지라도, 허균으로 하여금 《홍길동전》을 쓰게 한 촉발적 동기는 되지 않았을까.

 나는 34세에 그 꿈을 펴보지도 못하고 죽은 삽상한 청년 장군의 모습을 하늘의 일방에 그려보며 나의 추측이 그다지 빗나가지 않았으리라고 믿고 좌성산에서 내려왔다.

최익현
– 칼날 같은 파사현정의 기백

대마도는 아름답다. 비행기에서 내려다본 풍경은 그야말로 정교하고 수려하며 변화무쌍한 한 폭의 그림이다. 고저 다양한 청산의 굴곡이 크고 작은 만을 만들어 내해와 호수의 경승을 겸하고, 울창한 산림과 전원의 조화로써 풍기는 아취는 작은 규모로서 지구의 아름다움을 대해의 일각에 집약적으로 형상화한 것이란 느낌을 갖게 한다.

한마디로 말해 소일본이다.

작은 규모라고 했지만 대마도는 동서가 약 120킬로미터, 남북이 약 40킬로미터가 되는 꽤 큰 섬이다. 그런데 경지는 좁고 토질은 박해, 주민 5만을 1년을 통해 7일간 먹여 살릴 정도의 농산물밖엔 생산하지 못하고 주로 사환四環의 바다에서 잡히는 어개류魚介類에 생활을 위탁하고 있다지만, 그로써 민생이 충족할 까닭이 없다. 그러니 대마도는 주로 그 경치의 아름다움이 존재 이유의 대부분을 차지하고 있다고 할 것이다.

지금으로부터 264년 전, 즉 1719년에 통신사의 제술관으로서 일본을 방문하는 도중, 기착한 신유한이 이곳의 경치를 보고 다음과 같은 문장을 남겼다.

> 이 경승은 만일 풍호(주나라 구도舊都)의 제공자諸公子를 가까이 두었더라면 금수錦繡, 누대, 주옥, 문사文辭로서 천하에 빛나고 천하의 명사들이 날로 천만이나 모여들 곳이다. 그런데 아깝도다! 황복(중원에서 멀리 떨어져 있는 곳)에 버림을 받고 교경鮫鯨과 연수淵藪로서 쓸쓸하다.

요컨대 아름다운 풍광인데도 문화와 멀어져 있기 때문에 그 아름다운 풍광으로서의 보람을 다할 수 없다는 얘기도 된다. 허나 지금은 다르다. 비행기로 서울에서 후쿠오카까지 한 시간 10분, 후쿠오카에서 대마도까지 30분이면 갈 수 있다.

그러나 나는 그 풍광을 보러 대마도에 간 것도 아니고, 편리한 비행기 탓으로 대마도를 찾은 것도 아니고, 하물며 한가한 시간이 남아돌아 대마도에 놀러 간 것도 아니다. 대마도 이즈하라의 객사에 여장을 풀고 그날 밤 나는 일기에 다음과 같이 썼다.

11월 11일 금요일. 행복한 나라의 행복한 대통령 레이건 씨와 행복한 나라의 행복한 총리 나카소네 씨가 만나 희희낙락

환담을 나누고 있을 무렵, 나는 불행한 나라의 가장 불행한 시절의 슬픔과 분함을 대표해 면암 최익현 선생이 분사한 이곳 대마도를 찾아왔다.

국민학교 이상을 졸업한 사람치고 최익현을 모르는 사람은 없으리라. 그러나 그 아는 정도가 너무 좁고 얕지 않을까. 일부의 전문가를 제외하고는 한말에 애국적인 상소를 하고 몇 번 귀양살이도 하다가, 이윽고 의병을 일으켜, 일본군에 납치되어 대마도에서 옥사한 인물이란 정도밖엔 알려져 있지 않은 것이다.

나는 이것이 못내 아쉬워 좀 더 깊이, 넓게 최익현 선생을 알려야겠다는 염원을 간직해왔다. 나는 그 염원으로 해서 대마도를 찾기로 결심했다.

면암이 대마도로 납치된 것은 1906년, 그의 나이 74세 때다. 대마도에서의 면암의 동정은 임병찬의 《대마도 일기》에 소상하다. 임병찬은 군수를 지낸 사람으로 면암의 거병에 제일 먼저 호응해 그의 막하에 들어온 사람이다. 임병찬의 《대마도 일기》는 기술이 간명하고 행문이 소박한 그만큼 여정과 여운이 슬프고 감동적인 기록이다.

《대마도 일기》는 병오년(1906년) 6월 26일, 일본군 사령부로부터 최익현에게는 3년, 임병찬에게는 2년, 고석진·최제학에게는 각 4개월의 감금 선고가 내려지고, 이용길 등 아홉 명에게는 태형 100도를 가하고 석방하라는 명령이 내려진 대목부터 시작된다. 다음과 같은 기록이 있다.

> 6월 27일, 형장으로부터 태죽笞竹을 치는 소리가 들리는데 보리 타작하는 소리와 같았다. 마음이 칼로 깎이는 듯했다. 차마 들을 수가 없었다. 그런데 그처럼 매를 맞고 있으면서도 아무도 소리를 내지 않았다.
>
> 笞竹之聲 與麥揮鞭相似 心如刀削 不忍聞也 但受笞之地 無一大出聲

그 까닭을 이튿날 이용길로부터 들었다. 바로 전일, 홍주의 의사義士들이 태형을 받았는데, 매를 맞을 때 그들의 소리가 너무 애절했다.

그래서 이용길 등은 "우린 혀를 깨물고 맞아 죽는 한이 있더라도 저런 비참한 소리는 내지 말자"라고 서로 의논해 마음을 다졌다는 것이다.

7월 8일, 부산에서 배를 탔다. 밤 8시인데 풍정파평風靜波平하고 월색정가月色正佳였다고 한다.

7월 9일, 면암과 임병찬은 대마도에 도착해 이즈하라의 잠농교사가蠶農敎師家에 수용되었다.

임병찬의 기록에는 문에 병정이 서서 파수를 보았는데, 그곳에는 이미 호서로부터 정산의 이식 등 아홉 명이 와 있었다고 한다.

이렇게 11인이 한곳에서 지내게 되었다. 그러한 만남을 기넘해서 시회를 베풀어 각각 칠절일수七絕一首씩을 읊게 되었다. 그 11인의 시를 읽으면 의사들의 기개를 짐작할 만하다.

사건은 그날 오후에 터졌다.

대대장과 중대장이 병정 4, 5인을 거느리고 나타났다. 통변이 "장관에게 경례하기 위해 관冠을 벗어라"라고 했다. 면암은 크게 노해 소리 지르고 관을 벗지 않았다.

이 대목을 임병찬은 '장석 노갈불탈 丈席怒喝不脫'이라고 했다. 임병찬은 일기 중 면암을 '장석'이란 표현으로 가리킨다.

대대장은,

"너희, 일본의 음식을 먹었으면 일본의 명령에 따라야 한다. 관을 벗으라고 하면 관을 벗어라. 머리를 깎으라고 하면 머리를 깎아라. 명령이 있으면 복종할 일이지, 감히 거역을 하다니 말도 안 된다."

라고 독설을 퍼부었다.

그러자 병정이 면암의 관을 벗기려고 덤볐다. 면암이 대로 질책했다. 병정이 총 머리로 면암을 찌르려고 했다. 면암은 가슴을 열어젖히며 "빨리 찔러" 하고 호통을 쳤다. 그리고 말하기를,

"내가 일본의 음식을 몇 순갈이나마 먹은 것은 망발이었다. 삭발의 건에 관해선 우리 조칙하朝勅下에서도 소를 올려 부당하다고 한 사람이다. 황차 일본인의 말을 듣고 따를쏘냐. 그 음식을 먹고 그 말에 따르지 않는다면 도리에 어긋난 짓이다. 무

엇 때문에 내가 생을 탐해 입에 풀칠을 하겠으며 선왕의 제制를 바꾸어 성인의 도리에 어긋나는 짓을 하겠는가. 나는 지금부터 단연코 일본의 밥은 먹지 않을 것이다".

그 이튿날, 즉 7월 10일, 면암은 임병찬에게 다음과 같은 뜻의 말을 했다.

"……오늘의 액은 차라리 늦은 감이 있다. 내가 먹지 않고 자재自裁하려는 것은 운명이다. 내가 죽고 나면 내 뼈를 군이 거둘 것이지만, 그게 무슨 필요가 있겠는가. 내가 지금 소를 말한 것이니 비장해두었다가 환국하는 날 가지고 가라."

그때 불러준 소가 유명한 유소遺疏가 된 것이다.

삭발을 강요하지 않겠다는 것과, 음식은 조선 정부가 그 비용을 감당한다는 말을 듣고 면암은 절식을 중단하게 되지만 그로 인해 70여 세의 노체인지라 건강은 급격하게 악화되었다.

10월 16일, 경비대 내에 새로 지은 건물로 이사하게 된다. 방 두 개를 나누어 한 방에 6인, 한 방에 5인이 거처하게 되는데, 비단 이불 세 채씩을 배급해주는 등 먼저 있었던 곳보다 침식이 훨씬 좋아졌다. 그러나 면암의 병환은 일진일퇴의 상황이었다.

그러는 동안 많은 사람이 방문하기도 했다. 경비하는 군인들도 차츰 면암을 아끼는 심정이 되었고 존경하는 마음을 가지게 된 듯하다.

임병찬의 일기는,

11월 17일 경술 청晴 인시, 장석께선 역책易簀하시다.

라고 적었다. 역책이란 돌아가셨다는 뜻이다.
　그리고 18일 시체를 수선사로 옮겼다고 적혀 있다.

　나는 이 《대마도 일기》에 나타난 곳과 사람들의 소식을 더듬어볼 계획을 세우고 12일 아침, 호텔을 나섰다.
　우선 가볼 곳이 대마도 사료관이었다. 때마침 옛날의 대마도 영주 종씨가의 소장품을 전시 중이었다. 그 가운데 흥미가 있었던 것은 조선 왕으로부터 종씨에게 내린 교지와 옛날 조선통신사의 행차를 그린 회도였다.
　그 전시품을 구경하고 나서, 그 사료관의 부지가 종가의 저택 일부라고 듣고 사료관의 종업원에게 물었다.
　"종가의 후손이 여기 지금 살고 있습니까?"
　"살고 있지 않습니다. 유일한 종손은 지금 동경에 있는데 대학 교수를 하고 있습니다. 이름은 다케유키라고 합니다."
　"종씨가 대마도를 약 500년 동안 지배하고 있었다고 들었는데 종씨 성을 가진 사람이 많겠지요?"
　"그렇지 않습니다. 종가는 원래 본손本孫 하나만을 종씨 성으로 행세하게 하고, 그 외의 사람들은 다른 성을 가지게 제도를 만들었기 때문에 종씨 성은 극히 드뭅니다. 그러니까 동경에 있는 그 사람 외엔 종씨 성을 가진 사람이 없습니다."

그러나 이런 문답은 다음과 같은 질문을 하기 위한 나의 도입적 수단이었을 뿐이다.

"한말의 거인 최익현이란 이름을 들은 적이 있소?"

"있습니다. 이곳에 유배되어 있었다고 들었습니다."

"혹시 그분에 관한 것이 이 사료관에 있습니까?"

"없습니다."

"전연 없을까요?"

"전연 없습니다."

그 속절없는 대답이 미안했던 모양인지 종업원은 잠깐 생각하더니,

"마침 그분을 연구하고 계시는 분이 지금 연구실에 와 있을 겁니다. 안내하겠습니다."

하고 나를 2층 어느 방으로 데리고 갔다. 거기서 만난 사람이 나가사토 가주라는 분이다.

60세가 넘어 보이는 나가사토 씨는 최익현 선생의 사적을 찾아왔다고 하자, 반갑게 나를 맞이했다.

"세월이 가면 갈수록 마멸될 것이기 때문에 최익현 선생을 기억하고 있는 사람은 이 대마도에선 물론 없을 테지만, 얘기라도 들은 사람이 있지 않나 하고 지금 열심히 찾고 있는 중입니다만, 나타나질 않네요."

하고 그는 한탄 섞인 말을 하고서 최익현 선생이 대마도에 온 즉시 수용되었던 집을 가보자며 일어섰다.

사료관에서 10분쯤 걸어 도착한 곳에 야와타 신사가 있다. 그 신사의 담장을 오른편으로 끼고 서쪽으로 40~50보 갔을 때, 오른편에 수령이 1,000년쯤은 되어 보이는 남楠나무가 나타나고 그로부터 울창한 숲이 시작되었다.

그 숲을 한편으로 하고 조금 높다란 대지臺地에 몇 채 여염집이 옹기종기 서 있는 곳을 가리키며,

"여기가 바로 그곳입니다. 임병찬 씨는 일기에 잠농교사라고 했는데, 그때 이곳의 정식 명칭은 사족수산소士族授産所입니다. 에도 막부가 없어지고 할 일이 없게 된 사족들에게 직업을 주는 뜻으로 양잠을 가르친 곳이지요. 최 선생이 계셨을 그 무렵의 못은 그냥 남아 있습니다."

하고 그는 양해를 얻어 남의 집 뜰 가운데까지 나를 인도해 연잎이 덮여 있는 못을 보여주었다. 그리고 덧붙였다.

"저 못 속으로 흘러 떨어지는 홈통 물소리를 듣고 최 선생이 지은 시가 있습니다."

그것이 바로 다음의 시다.

낭떠러지에 홈통을 이어 맑은 물을 끌었다.
별천지에 몇 가을을 살아야 할지 묻고 싶구나.
풀과 나무가 그늘진 사이로 통한 오솔길
잠사에 마음을 쓰니 다른 시름 없을 테고.
부럽도다 자네들의 살림살이 산처럼 든든한 것이.

쇠잔한 나의 삶이 물거품 같아, 부끄러울 뿐이다.
회상컨대 창해를 세 번이나 건넜는데
백반의 풍물, 이곳이 가장 좋다.
懸崖續筧引淸流 別界盤旋問幾秋 草樹連陰通細逕 蠶絲專業鬪層機
羨君活計山猶在 愧我殘生水共浮 回首滄溟三渡地 百般物態最玆遊

 이것은 감금되어 있던 집 주인 시마오 소스케의 은근한 인정에 감사하는 뜻으로 면암이 지은 시다. 임병찬의 《대마도 일기》엔 수록되어 있지 않다.
 거기서 내려오면서 나가사토 씨는, 그곳의 오늘날 지명은 이마야시키초 648번지라고 하고, 앞에 보이는 전신 공사電信公社 건물을 가리키고는, 그 맞은쪽이 옛날 헌병 분견대憲兵分遣除가 있었던 곳이라고 했다.
 다음은 택시를 타고 사지키바라의 육상 자위대가 있는 병사로 갔다. 그곳은 옛날 종가의 구택이 있던 곳으로, 폐번치현廢藩置縣 후 경비대의 본영이 되었다가 지금은 자위대 병사가 되었는데, 종씨 시대나 구경비대 시절의 면목은 사라지고, 사적으로 남겨놓은 고려문 하나밖에 없었다.
 허가를 받고 고려문까지 갔다가 나와, 한 층 높은 데 있는 자위대의 연병장에 섰다. 나가사토 씨는,
 "육군 용지의 대부분은 불하되어 보는 바와 같이 아파트가 서게 되었죠. 옛날 최 선생이 수용된 건물이 있었던 곳은 아마

저길 겁니다."

하고 아파트 건물 사이에 끼인 주차장을 가리켰다. 창상滄桑의 변變이라고까진 할 수 없겠으나, 한때 뼈를 깎는 아픔으로 우리의 의사들이 신음하던 곳이 자동차 주차장이 되어 있구나 싶으니, 그곳에서 햇살을 반사하고 있는 스포츠카의 붉은 빛깔이 유난히 망막에 새겨지는 느낌이었다.

자위대로부터 돌아오는 길에 수선사를 찾았다. 임병찬의 일기 11월 18일 조에 면암의 영구를 그곳으로 옮겼다는 대목이 있었기 때문이다.

수선사는 승용차 한 대가 겨우 비집고 들어설 만한 골목길 안쪽, 여염집 사이에 있는 조촐한 절이다. 문전 계단 옆엔 도암 기념비란 것이 있었다.

도암이란 대마도에 감자를 처음으로 도입한 사람이라고 했다.

그런데 그곳에선 면암의 영구가 5일 동안이나 머물렀는데도 아무런 흔적을 찾아볼 수가 없었다. 다음은 나가사토 씨의 얘기다.

"재류 한국인은 유독 이 절을 찾아와서 기도를 올린다는 말을 주지로부터 들었는데, 혹시 최익현 선생과의 인연으로 그렇게 된 것이 아닐까 싶습니다."

《맹자》에,

천하의 넓은 집에 살며 천하의 정위에 서서 천하의 대도를 행한다. 뜻을 얻으면 백성과 더불어 이에 따르고 뜻을 얻지 못하면 혼자 그 길을 간다. 부귀도 타락시킬 수가 없고 빈천도 그 뜻을 바꿀 수 없으며 권위와 무력도 이를 굴복시킬 수가 없다. 이러한 사람을 대장부라고 한다.

居天下之廣居 立天下之正位 行天下之大道. 得志與民由之 不得志獨行其道. 富貴不能淫. 貧賤不能移. 威武不能屈. 此之謂大丈夫.

라는 문장이 있다.

웅장하고도 호연한 문장이어서 애송하고 있었던 바지만 막상 그 대장부의 상을 구체적으로 그려보려고 하면 감이 잡히질 않았다.

그런데《면암집》을 숙독하고 연보를 살피는 가운데, 나는 최익현 선생이야말로 맹자가 말하는 대장부의 상에 일치한다는 확신을 얻었다.

1833년 12월 5일, 경기도 포천군 가채리에서 그 생을 시작해서, 1906년 11월 17일 일본 대마도에서 순국하시기까지 면암 74년의 생애는 "뜻을 얻지 못하면 혼자 그 길을 가는不得志獨行其道" 장렬하고도 고귀한 대장부의 일생이었다. 부귀도 그를 타락시키지 못했다는 정도가 아니라 면암은 부귀를 거절했다.

면암 만년의 연보를 보면 임금이 임명한 높은 벼슬을 사양한 기록으로써 꽉 차 있다. 뿐만 아니라 임금이 내리신 3만 냥의 돈과 곡식을 반려하기도 했다.

연보 을사년 1월 조에 "임금이 보내주신 돈과 곡식을 돌려보내다 還納賜送錢米"란 기록이 있다.

빈천도 면암의 뜻을 바꿀 수 없었던 것은 물론이고, 일본의 권위와 무력도 끝끝내 면암을 굴복시킬 수가 없었다. 그런 까닭에 《맹자》의 이 문장은 면암을 위해 준비된 것이라고 해도 결코 과장이 아닌 것이다.

나는 면암이 두 개의 인생을 각각 그 정상, 그 극한에까지 산 인물이라고 생각한다. 하나는 유학자로서의 인생이고, 하나는 구국순절로서 끝낸 절의영웅으로서의 인생이다.

면암이 화서 이항로 선생의 문하에 들어간 것은 14세 때의 일이다. 화서는 그의 총명을 지극히 사랑해서 '면암'이란 호를 지어주고 '낙경민직洛敬閩直'이란 네 글자를 대자大字로 써 주었다. 낙양의 정명도는 '거경궁리居敬窮理'를, 민중閩中의 주희는 '경이직내敬以直內'를 창언했다는 연유로 화서는 면암에게 정자와 주자를 합친 대성을 기대했던 것이다.

그 기대는 어긋나지 않았다. 화서의 우주론을 가장 잘 이해한 것도 면암이며 직언의 기백을 가장 잘 배운 것도 면암이었다. 말하자면 면암은 화서의 학통과 정신을 이어 대성한 정통이다.

순학리면純學理面에서도 심오했다는 것은 화서 선생에게 올린

문목으로써도 알 수가 있다. 예컨대 《중용》에 있는 "군자는 보이지 않을 때에도 경계하고 삼가며, 들리지 않을 때에도 두려워한다君子戒愼乎其所不睹, 恐懼乎其所不聞" 등의 대목을 두고 이를 동정양면動靜兩面으로 보아야 할 것인지, 정태적으로만 보아야 할 것인지를 묻고 있다. 이러한 일단으로써도 면암의 분석이 얼마나 예리하고 그 사고가 얼마나 치밀했던가를 알 수가 있다.

학자로서의 위대하고 광활한 면모는 면암의 시문에서도 나타나 있다. 나는 대마도에서 나가사토 씨의 질문을 받고 면암을 설명할 적에 면암의 세 가지 인생을 들먹이며, 특히 시인으로서의 일면을 강조한 바 있다. 나는 면암의 시를 꾸밈이 없는 불공不工의 시라고 풀이한다. 꾸미지 않고 유로된 정서와 정신이란 뜻이다. 청류에서라야 맑은 물을 얻을 수가 있고, 옥산에서라야 옥을 얻을 수 있다. 면암의 정신은 청류이며 그의 뜻은 옥산을 이루었으니 거기서 유로된 시문이 어찌 청류와 옥이 아닐 수 있겠는가. 면암의 시, 일언일구가 비상한 광휘를 발하는 이유가 바로 여기에 있다.

수백의 시편을 소개할 수 없는 것이 유감일 뿐이다. 그 가운데서 몇 개만을 골라본다.

> 뜬 인생이 장주의 꿈을 느끼게 하고
> 세상일은 송옥의 가을처럼 슬프다.
> 방랑하여 일찍 산수의 취미를 뽐내기도 했거늘

어찌 험하다고 해서 정다운 놀이를 사양할 수 있을까.

浮緣多感莊周夢 時事偏悲宋玉秋 浪迹曾誇仁智趣 何辭夷險盡情遊

때론 더위를 피해 그늘에 앉기도 하여
하잘것없이 굴원의 감회를 읊으며 삼 년을 지냈다.
말하지 말지어다, 섬이라고 해서 좋은 일이 없다고.
흰 구름 흐르는 물이 다 같이 친구가 되는 것을.

成炎時或坐輕陰 三載徒勞屈子吟 莫謂海邦無好事 白雲流水共知音

이것은 면암이 흑산도에 유배되었을 때 지은 시다. 아무렇지 않게 읊은 것이 그대로 시가 되어버린, 이른바 불공지시不工之詩라고 하겠다.

대마도에서 지은 많은 시 가운데 박규용에게 차운한 시에,

바다에 가을이 저무는데
외기러기 편지 가지고 왔네.
성패는 오직 하늘에 달렸으니
어찌 사생을 물으리오.

海中秋色晚 孤鴈書行 成敗惟天命 何須問死生

란 것이 있다. 면암이 겪은 험로를 배경으로 했을 때 '어찌 사생을 물으리오'란 글귀가 만근의 무게로써 우리의 가슴을 치게

하는 것이다.

　면암의 우국지성은 일찍부터 가꾸어졌는데, 그것이 행동으로 폭발한 것은 36세 되던 해, 즉 1868년의 〈시폐 4조를 전달하는 소時弊四條疏〉였다는 것은 이미 널리 알려진 사실이다. 그 주장의 정당성은 고사하고라도 대원군의 절대 권력에 도전한 기백이야말로 장관이다. 무사안일에 젖어 권력에 편승할 기회만을 노리고 있는 소인배가 들끓고 있는 가운데 면암은 감히 용의 수염을 뽑으려고 했다.

　이어 1873년 10월 16일에 상속했다. 이것이 유명한 〈동부승지를 사직하는 소辭同副承旨疏〉다.

　"정사는 옛 법을 변경하고 사람들은 주견을 잃었다."
로 시작되어,

　"부렴이 가혹해 생민들은 어육魚肉이 되었다."
라고 지적하곤 대원군의 정사를 비판한 격렬한 소였다. 이로 인해 대원군 10년의 독재는 무너졌다. 면암도 편하질 않았다. 우부승지로 승진했다가 도로 동부승지로 강등되고, 얼마 후 특명으로 호조참판에 임명되었으나 11월 3일 호조참판을 사임하는 소를 올렸다. 이 소 역시 격렬한 것이었다. 이윽고 면암은 제주도에서 귀양살이하는 몸이 되었다.

　1년 남짓한 귀양살이에서 풀려났을 무렵 면암은 왜인이 강화도에 와서 수교를 강요한다고 들었다. 그래서 올린 소가 〈도끼를 가지고 대궐 앞에 엎드려 화의를 배척하는 소持斧伏闕斥和議疏〉

란 것이다. 이로 인해 면암은 흑산도에서 3년 동안 귀양살이를 하게 되었다. 이 소는 오늘에도 음미해볼 만한 것이 있다. 요컨대 우리가 자주자강해야만 외국과의 정당한 수교가 되는 것이니, 수교하기에 앞서 우리의 자주를 도모하자는 내용이다.

흑산도의 귀양살이가 풀려 고향으로 돌아온 것은 면암 47세 때. 친구 김중암은 "굴원은 상강에 빠져 죽었는데 최 군은 살아 돌아왔다屈子沈湘崔子還"라고 기뻐했다.

이로부터 면암은 향리에서 상시하솔上侍下率하며 육영育英의 생활을 보내게 되는데, 갑오년에 뜻하지 않은 일이 생겼다.

시변으로 다시 정무를 보게 된 대원군이 면암을 자헌대부 공조판서에 추천한 것이다. 면암은 위작僞爵이라고 해 받지 않고 진소陳疏하지도 않았지만 면암을 숙적으로 치고 있던 대원군이 이와 같은 과단을 보였다는 것은 특기할 만한 일이다. 대원군은 병자년의 소를 읽고부터 면암을 칭송해 마지않았던 것이다.

그 후 갖은 곡절 끝에 의병 창의, 대마도에서의 순국으로 이어지는 것이지만 잊어선 안 될 일은, 순창에서 왜병이 진격해 오는 줄 알고 대비하고 있다가 그것이 우리나라의 군사들임을 알자, "우리가 어찌 서로 공격할 수가 있느냐"라며 동족상잔의 참극을 회피했다는 사실이다.

우리가 면암을 이해하고 있는 정도는 그 엄중한 상소문과

파사현정의 칼날 같은 행동이다. 그런데 그것만이 아니었다. 면암의 위대함은 도리어 깊고 훈훈한 인간성에 있다고 할 것이다.

면암은 제주도에서 해배되어 돌아오는 도중 이재만에게 위문의 편지를 보냈다. 당시 이재만은 고금도에 유배 중에 있었다. 이재만은 한사코 면암을 헐뜯은 사람이었다.

그리고 사사건건 면암을 해치려고 앙심을 품어왔었다. 그런 사람에게 위문의 편지를 보내려고 하자, 제자들이 그럴 필요가 있느냐고 말렸다. 그러나 면암은 "비록 그는 그렇다고 하더라도 나는 조금도 그에 대한 미움이 없다彼雖如此 吾則豈客有一毫疑嫌"라고 했다.

흑산도서 귀양살이할 땐 이웃에 유배되어 있던 박우현에게 쌀과 찬까지 보내 위문했다. 박우현은 면암의 흑산도 유배가 결정되자, 귀양 보내는 것으로 끝낼 것이 아니라 국청을 열어 중죄로 다스려야 한다고 주장한 사람이다. 그런 사람에게까지 면암은 인정을 베풀었던 것이다. 그 후로 박우현은 면암에게 심복해 지우가 된다.

더욱 기막힌 것은 후배 유기일에 대한 면암의 자상함이다. 유기일은 괴팍한 성격 탓으로 화서 선생을 비롯해 유치정, 김중암, 면암 등을 헐뜯고 동배간을 이간하는 등 못된 일을 많이 했다.

그래서 김중암이 유기일과 절연했다.

이 소식을 듣고 면암이 김중암에게 보낸 편지는 진실로 가슴을 치는 내용이다.

……만일 사소한 사색(辭色)과 의논이 다르다고 해서 오늘 한 사람을 버리고 내일 또 한 사람을 끊는다면, 염유와 계로가 어찌 다시 공자의 문전에 서겠으며, 길보와 화숙이 또 어찌 우옹과 말을 나눌 수 있었겠습니까. 성현의 도량은 이와 같지 않을 듯합니다.

귀양이 풀려 고향에 돌아오자마자 유기일에게 매를 짊어지게 하고 김중암과 유치정을 찾았다.

면암의 성격으로선 도저히 용납 못 할 유기일을 사람 되게 하려고 애쓴 면암이야말로 자기를 다스리는 데는 엄격하고, 남에겐 관대해야 한다는 이른바 군자의 덕, 요즘의 말로써 한다면 민주적 인격의 구현이다.

면암의 인간성은 또 대마도에 있을 때에 보여준 일인들에 대한 태도로써도 알 수가 있다. 일본인들의 통역, 병사, 일반인들이 찾아와서 서(書)와 시를 청하면 면암은 서슴없이 써 주었는데, 그 모두에 따뜻한 정애가 담겨 있다.

한 예를 들면, 병사 도산전에게 준 다음과 같은 시다.

편하고 한가하게 물가에서 사니
근심과 즐거운 평생을 모두 하늘에 맡긴 셈이다.

슬기로운 손자가 능히 글을 해독할 줄 아는데,
자기 할아버지의 나이가 나와 비슷하다고 한다.

安閒契活水雲邊 憂樂平生總任天 袈矣肖孫能解字 謂翁於我等行年

 일본을 미워한 대표적인 인물이라고 볼 때, 이런 국면은 뜻밖의 일이다. 그러나 면암은 국가적인 견해로써 일본을 미워했으되 개인적인 감정으로 일본을 미워했던 것이 아니었다.
 내가 최근 대마도에서 만난 나가사토 씨는 면암의 독실한 연구가이긴 했지만, 면암에 대한 이해가 일인 학자 아오야기 난메이를 넘어서지 못한 것 같아서 유감이었다. 그래서 내가 그에게 한 말을 다음에 적어둔다.

 아오야기가 면암을 진정한 유학자로서 명리를 탐하지 않고 오직 나라와 겨레를 위한 선비였다고 본 인식까진 정당하다. 그러나 그는 면암이 지나치게 완고했다고 하고, 그 완고함이 이태왕의 명明을 흐리게 했다며, "그 고분孤憤을 웃고 그 고충孤忠엔 삼가 조의를 표한다"라고 했는데, 이것은 망발이다.
 면암은 완고하기 위해 완고한 그런 것이 아니고 혼란한 세태에서 기성의 가치 질서를 지켜야 한다는 완고다. 그 이상의 가치 질서를 창조하지 못할 때, 기성의 가치 질서를 지켜야 할 것이 아닌가. 우왕좌왕한 민심을 우선 그 가치 질서를 통해 수렴해야 할 것이 아닌가. 면암은 그것을 자주의 기틀이라고 생각했다.

 면암이 수구의 입장을 고집한 것은 자칫 개화의 파도 속에서 본本을 잃을까 하는 데 대한 두려움 때문이다. 자기의 주체를 잃게 된다면 개화는 곧 파멸된다는 것이 면암의 사상이었다. 그런 까닭에 면암의 수구는 낡은 것을 무작정 고수하려는 것이 아니고 본을 지키려는 수본守本이다.

 아오야기는 메이지 유신을 예로 들어, 일본의 융성이 외래 문물을 받아들인 데 있다고 역설하고 있으나 이것은 비약이다. 메이지 유신의 주역들은, 그 전 경력에 있어선 예외 없이 완고하기 이를 데 없는 양이파攘夷派들이 아니었던가. 철저한 양이를 바탕으로 해 자주의 기틀을 잡은 후에 그 세력으로 막부를 타도해선, 그 후 안심하고 외래의 문명을 받아들여 기왕의 가치 질서를 점진적으로 수정해나간 것이 아닌가.

 메이지 유신의 주역들과 비교할 경우, 면암은 그 지사들의 전 단계에 위치하고 있다. 악착같이 자주자립을 추구한 것이다. 그 밖의 일은 생각할 겨를이 없었다. 불행하게도 우리 면암은 메이지 유신의 주역들이 가진 후 단계의 시간을 갖지 못한 것이다.

 "내 목을 끊는 한이 있더라도 상투는 끊을 수 없다"라는 완고함을 비웃는 사람들이 있지만, 외형만 보고 진실을 보지 못한 자들이다.

 상투는 가치 질서의 상징이었다. 상투를 끊되 자주적인 사고를 통해 자주적인 결단으로 끊어야 한다. 아직 뭐가 뭔지 분간 못 할, 어느 땅, 어느 항구로 표착할지 모르는 개화의 물결에 휘말린 채 끊을 수 없다는 것이 상투의 논리였다. 면암도 우리나라만 고립해서 살 수 없다는 것을 알고 있었다. 하지만 불평등한 수교는 안 된다고 했다. 남의 나라의 노예가 될 수 없다고 했다.

모든 정치의 근본을 자주자강에 두어야 한다고 했다. 물론 면암의 뜻은 당시로 봐선 좌절됐다. 그런데 나라를 좌절시킨 것은 개화의 물결을 타고 날뛰던 경박한 재자들이었다. 그들은 거품처럼 사라지고 면암의 자주자강 정신은 아직도 살아 있다. 면암은 진정 불패의 의지인 것이다.

김만중
– 당쟁에 휘말려 형극의 관로

    강화도에 얽힌 비화는 한량이 없다. 원나라의 횡포로부터 한말의 수모에 이르기까지 강화도는 어쩌면 슬픈 민족의 운명을 집약한 곳이라고 말해도 무방하다. 그런 까닭에 기왕 강화도를 무대로 숱한 비극이 쓰인 것이다.
    이를테면 눈물과 한의 섬이라고 할 수 있는 이 강화도에서 내가 한 오라기의 비화를 뽑아낸다는 것은 《구운몽》의 작자 서포 김만중에 대한 뒤늦은 송사를 올리기 위해서다.
    병자호란은 우리 겨레가 당한 화난이 대개 그러했듯이 어처구니없는 봉변이었다. 명조를 타도한 청조의 태종이 100 수십 년간 명나라와 숙연을 가진 우리나라의 우유부단한 태도를 징치할 양으로 돌연 진격해 온 것이다.
    그때가 인조 14년, 병자년 겨울이었다.
    여러 왕자와 비빈을 비롯해 종실과 중신 들의 대부분은 강화도로 난을 피했다. 인조도 곧 뒤따를 예정이었으나, 어느덧

퇴로를 차단당하고 남한산성으로 갔다. 이윽고 굴욕적인 항복이 있었다.

이에 앞서 청군에게 점령당한 강화도에선 성이 함락되기에 앞서 자진한 충신들이 있었다. 묘사廟祠를 받들고 온 김상용은 남문 위에서 자폭했다. 이와 행동을 같이한 사람이 김익겸이다.

이 김익겸이 김만중의 아버지다.

김만중은 그때 어머니 윤 씨의 태내에 있었다. 윤 씨는 남편이 순절한 후 5세 된 아이를 데리고 나룻배로 강화도를 탈출했다. 그 5세 된 아들의 이름은 만기다.

만중의 집안은 대대로 학자였다. 선조, 광해, 양조에 걸쳐 울연한 존재였던 사계 김장생은 그의 증조부고, 예학의 대가 김집은 그의 종조부다. 아버지 익겸은 인조 13년의 생원시에 수석으로 뽑힌 수재였다. 그들로 해서 광산 김씨는 광휘를 더한 것이다.

만중의 어머니 윤 씨의 관향은 해평, 선조 조의 중신 윤두수의 증손녀, 선조의 따님 정혜 옹주의 손녀며, 이조참판 윤서의 따님으로서 부덕이 높은 분이었다.

윤 씨는 아들 둘을 양육하고 가르치는 데 심혈을 다했다. 만기와 만중은 어머니의 기대에 어긋나지 않는 대인으로 자랐다. 만기는 효종 4년에, 만중은 현종 6년에 각각 과거에 합격하고 관로를 열었다.

만기의 맏딸은 숙종 비, 즉 인경 왕후가 되었다. 인경 왕후는 그러니 만중에겐 조카딸이 된다. 그러나 불행하게도 인경왕후는 숙종 6년에 돌아가셨다. 이어 만중의 형 만기는 숙종 13년에 어머니에 앞서 죽었다.

만중은 형이 못다 한 효성까지 도맡아 하게 되었다. 유복자로 태어난 만중은 생전에 보지 못한 아버지에 대한 모정慕情까지 어머니에게 바쳤다. 그 효성이 얼마나 지극했던가를 이재가 《삼관기》에 다음과 같이 적고 있다.

서포 김 공의 효성은 지극했다. 유복자로 태어나 아버지의 얼굴을 모르는 것을 가장 슬픈 일로 알고 있었다. 어머니의 사랑도 지극했지만, 어머니의 뜻을 받들어 어머니를 즐겁게 하는 모습은 마치 병아리가 어미 닭 앞에서 재잘거리며 노는 것 같았다. 어머니 윤 부인은 옛 역사와 기이한 사실을 좋아했으므로 만중은 많은 이야기책을 모아 밤낮으로 그것을 읽어드려 어머니를 즐겁게 했다. 젊어서부터 늙을 때까지 국사가 아니면 한 번도 어머니 곁을 떠난 적이 없었다. 관직에서 물러섰을 때엔 아침 일찍 문안을 가서 주무실 때라야만 돌아왔다.

사실이 이와 같다면, 참으로 지극한 효성이다. 김만중의 작가적인 자질은 그의 효성으로 인해 가꾸어진 것이 아닌가 하는 짐작을 해볼 만하다.

일찍 열리긴 했어도 김만중의 관로가 평탄할 수 없었던 것은 그의 강직한 성품에 곁들여 당쟁의 탓이다.

 만중은 당적으로 서인에 속해 있었다. 우암 송시열의 제자였던 것이다.

 그가 37세 때, 현종 14년 9월, 왕을 모신 자리에서 영의정 허적을 탄핵한 송준길의 상소를 두둔해 허적이 요직에 있을 수 없다고 아뢰었다. 현종은 만중의 그 말이 당파에 치우친 언사라고 꾸짖었다. 그러자 만중은,

 "신은 그릇된 일을 그릇되었다고 했을 뿐 당파에 좌우되어 드린 말씀이 아닙니다."
하고 항변했다. 현종은 크게 노해 김만중을 금성으로 귀양 보냈다.

 현종 15년에 귀양살이에서 풀려 다시 관직에 돌아와 숙종 원년에 동부승지가 되었는데, 남인이 득세하고 있던 정국에서 만중은 또다시 강직한 발언을 해 숙종의 비위를 거스르고 말았다.

 《숙종실록》 윤 5월 27일 난에,

  김만중이 윤휴, 허목 두 사람을 탄핵하다. 상 말하길, 만중이 배운 것은 사당死黨 두 글자뿐이다. 전교해 만중의 관작을 삭탈하고 송창을 나문하다. 또 명하여 김·송 두 자를 말거해 그 이름만을 쓰게 하다.

란 기록이 있다. 숙종이 진노한 나머지 김만중과 송창의 성을 말살하고 이름만 사용하게 했다는 것이다.

그런데 숙종 5년에 삭탈당했던 관직을 다시 받고, 그 후 대사간, 홍문제학, 대사헌, 도승지 등을 역임, 47세 때 대제학이 되었다. 이어 공조판서, 예조판서, 의금부판사 등을 역임하다가 숙종 12년에 다시 대제학이 되었는데, 그가 51세 때, 숙종 13년 9월 11일 사건이 발생했다.

이때엔 귀인 장씨, 즉 후에 장희빈으로 되는 여인이 숙종의 총애를 받고 있었다. 그 장희빈의 배경에 조사석이란 사람이 있었고, 왕이 장희빈을 총애하는 데 대한 감창협의 통렬한 상소가 있었다. 영돈녕부사 김수항은 김창협의 아버지였는데, 이유 없이 파직을 당했다.

김만중이 경연에서 이 문제를 들고 숙종에게 진언한 것이다. 《숙종실록》 13년 9월 11일 난은 다음과 같이 기록하고 있다.

김만중이 경연에서 말하길, "근일 주상께선 김수항, 이단하에게 처우를 잘못하십니다. 모두 말하길 수항을 파직시킨 것은 아들 창협의 상소 때문이라고 합니다. 어찌 주상께서 그의 아들이 잘못했다고 해 노여움을 그 아비에게 미칠 수가 있느냐고 세간의 풍문이 소연합니다. ……예부터 유언流言은 여총女寵에서 비롯되는 것입니다. 원컨대 주상께선 깊이 반성하시어 더욱 수제修齊의 도를 닦으시옵소서." 주상이 조사석의 일이란 무엇이냐고 물었다. 만중이 답해 가로대, "후궁 장씨의 어머니는 조사석과 대단히 친한 사이에 있습니다. 그런 결연으로 해서 사석이 의례적인 영달을 했다고 국인들 모두가 말하고 있습니다. 주상만이 듣지 못하고 있을 뿐입니다. 군신의 사이는 항상 통연개석洞然開釋해야 하고 조금의 간격도 없어야 하는바, 지금 주상께서 물으시니 신이 무엇을 숨기겠습니까." 만중의 말이 이에 이르자 주상은 진노해 만중을 금부에 넘기다.

정원, 옥당이 만중을 구하려고 했지만, 숙종의 진노는 풀리지 않아, 만중의 선천 유배가 이튿날인 12일에 결정되었다.
이듬해 10월, 후궁 장씨가 왕자를 낳았다. 후에 경종이 되는 사람이다. 왕자를 얻은 기쁨도 있는 데다가 영의정 김수홍의 건의가 있어, 그해 11월 만중은 해배되었다.
그런데 숙종 15년에 왕세자의 책봉 문제가 야기되었다. 중신들은 왕비가 아직 젊다는 이유를 들어 세자 책봉에 반대했으나 왕은 끝끝내 고집을 세워 세자 책봉을 강행하고, 귀인 장씨를 희빈으로 승격시켰다.
이때 특히 송시열의 반대 상소는 격렬했다. 송시열은,

옛날 송나라의 신종은 나이 28세에 후궁 주씨로부터 철종을 낳았는데, 10세가 되도록 번왕의 지위에 두었다가, 신종이 병에 걸리자 비로소 태자로 했다.

라는 고사를 인용해 세자 책봉이 시기상조임을 극론했던 것이다. 숙종이 대노하자, 남인들은 물실호기하고 송시열의 처벌을 주장했다. 송시열은 제주도에 위리안치되었다가, 그해 6월 다시 국문하라는 영이 내려 서울로 오는 도중 이윽고 사약을 받게 되었다.

아무튼 장희빈 사건으로 인해 조정이 혼란을 극한 상황은 널리 알려져 있는 사실이다.

만중도 그 회오리에 휩쓸려 아들 진화와 더불어 형고를 치르다가, 송시열의 죽음에 앞서 윤 3월 남해로 유배되었다. 그리고 숙종 18년 4월 30일, 유배지인 남해에서 56세의 한 많은 일생을 마쳤다.

그렇게 그는 죽었으나 그의 성품은 청사에 깨끗하게 현창되었다. 실록은 고관을 지낸 그를 "한소하기가 유생과 같았다"라고 적고 있고, 또는 "논자 말하기를 돈후하기가 이단하 같은, 청소淸素하기가 김만중 같은 이는 옛날의 명신이라고 할망정 그들을 능가할 수 없을 것이다"라고 했다.

그러나 우리에게 보다 소중한 것은 그가 《사씨남정기》와 《구운몽》의 작자라는 사실이다. 《사씨남정기》는 인현 왕후가 폐비되었다는 소식을 듣고, 인현 왕후에 대한 동정과 숙종의 회개를 촉구하기 위한 목적으로 쓰인 것이 분명하다. 《구운몽》이 언제 쓰인 것인지는 확실한 고증을 할 수가 없다. 더러는 선천에서 쓰인 것이라고 하고, 더러는 남해 고도에서 쓰인 것이라고도 한다. 어디에서 쓰였건 《구운몽》은 우리의 국문학사가 가진 보물임엔 틀림이 없다.

인생이 일장의 꿈이라고 보는 관조가 십수 명의 등장인물을 통해 유려한 필치로 성형화되었는데, 유불선이 조화된 교양의 분위기가 봄철의 아지랑이처럼 서려 있다. 《구운몽》은 순 국문본과 한문본으로 되어 있는데, 어느 것이 선행된 것인지는 알 수 없으나, 그 문학적인 감상은 한문본을 통해야만 오히려 수월하다는 사실이 안타깝다. 분명히 국문학으로서의 재보이기는 하지만, 고어와 고문법에 어두운 현대인으로선 퍼즐을 푸는 노력을 필요로 하게 된다. 영어를 아는 사람은 제임스 게일의 영역을 통하는 것이 훨씬 수월할지도 모른다.

다음에 이명구 교수가 요약한 줄거리를 다시 간추려본다.

어느 화창한 봄날, 스승의 명으로 동정호 용왕에게 문안 갔던 성진이, 주인의 심부름으로 육관대사에게 문안 왔던 팔선녀를 석교 위에서 만나게 된다. 그들은 길을 비키라는 말을 주고받고 있었지만, 실은 서로 그윽한 연정을 나타내고 있었다. 절에 돌아온 뒤에도 팔선녀를 못 잊고, 속세의 부귀영화를 그리워하는 성진의 심정을 안 육관대사는 그를 지옥에 떨어뜨려 인세에 환생케 한다. 한편 팔선녀도 부처님의 맑은 땅을 더럽힌 죄로 지옥에 떨어져 인세에 환생한다.

성진은 양소유란 이름으로, 팔선녀도 각각 다른 이름으로 태어난다. 양소유는 과거에 급제한 후 출세해 정승의 자리에 오르는데, 그사이 여덟 여인과 인연을 맺게 된다. 정소저, 이소화는 제1·제2 부인이, 나머지 여섯 여인은 각각 소실이 된다. 두 부인, 여섯 소실을 거느린 양소유의 부귀영화는 말할 나위가 없다. 그런데 세월이 흘러 관직에서 은퇴한 양소유는 부귀영화가 덧없음을 한탄해 불도가 되어 영원한 생명을 찾으려 한다. 이때 늙은 중이 나타나 그를 인도해주기로 한다.

그 중은 자기가 짚고 온 지팡이를 들어 난간을 딱 쳤다. 돌연 사방의 산골짜기에서 연기가 일어 모든 것을 휩싸버렸다. 양소유는 다급하게 소리를 질렀으나, 아무런 대답이 없었다. 얼마 후 연기가 사라졌는데, 여태껏 있었던 큰 집도 여인들도 간 곳이 없었다. 깜짝 놀라 자기의 주위를 살펴보았다.

향로의 불은 이미 사라지고 손목엔 백팔 염주가 걸려 있었다. 머리도 까칠까칠한 중머리, 서산에 지는 달이 창을 비치고 있었다. 곰곰 생각해보니 이제까지 있었던 일은 하룻밤의 꿈이었다. 자기는 정승을 지낸 양소유가 아닌, 중 성진이었다.

그는 대사가 하룻밤 꿈으로 인간 세상의 부귀영화가 얼마나 허무한가를 가르쳐주었음을 깨닫는다. 급히 세수를 하고 대사 앞에 뛰어나가니, 대사는 성진에게 인간 재미가 어떻더냐고 묻는다. 아무 대답도 못 하고 더 큰 가르침을 청하자, 이때 또 팔선녀가 들어와 대사에게 제자 되기를 청한다. 후에 대사는 도를 성진에게 물려주고, 서쪽 천축으로 가버린다. 팔선녀는 계속 성진 밑에서 도를 닦아 이윽고 아홉 사람은 모두 극락으로 가게 된다.

줄거리만으로 보면, 중국 이필의 《침중기》에 있는 한단지몽과 비슷하다. 노생이란 사람이 한단에서 도사 여옹이 빌려주는 베개를 베고 잠이 들었다가, 부귀와 영화에 가득 찬 생활을 겪고, 그에 염증을 느끼는 꿈을 꾸게 되었다는 것이니 말이다.

그러나 줄거리는 동교同巧라고 할 수 있다고 해도, 그 세부는 전연 다르다. 괴려瑰麗하고 치밀한 묘사와 함축 있는 은유와 곳곳에 삽입되어 있는 시로 해서 김만중의 개성과 독창성이 약여하기 때문이다.

이야기를 좋아하는 어머니를 즐겁게 하기 위해 김만중이 이 작품을 썼을 것이란 추측도 가능하거니와, 그러한 필요가 만중의 상상적 자질을 가꾸었을 것이란 추측도 가능하다.

아무튼 이러한 출중한 가능성이 당쟁에 휘말린 형극의 관로에서 보람을 보지 못하고 시들었다고 생각하니, 이만한 작품을 우리 국문학사가 갖게 된 것만으로도 다행이라고 생각하지 않을 수 없다.

참고로 김만중이 살아 있을 무렵 서양에서는 어떤 문학적 사건이 있었는가를 알아두는 것도 흥미 있는 일일 것 같다.

만중이 탄생한 1637년, 영국에서는 밀턴의 〈리시다스Lycidas〉가 발표되었고, 프랑스에선 코르네유의 《르 시드Le Cid》, 데카

르트의 《방법 서설Discours de la méthode》이 나타났다. 만중이 《구운몽》을 쓰고 있을 무렵, 영국에선 뉴턴의 《프린키피아Principia》가 나타났고, 프랑스에서는 라브뤼예르의 《성격론》, 라신의 《에스테르Esther》가 발표되고 있었다.

|작가연보|

1921   3월 16일 경남 하동군 북천면에서 아버지 이세식과 어머니 김수조 사이에서 태어남.
1933   양보공립보통학교 13회 졸업.
1940   진주공립농업학교 27회 졸업.
1943   일본 메이지 대학 전문부 문예과 졸업.
1944   와세다 대학 불문과에 재학 중 학병으로 동원되어 중국 쑤저우蘇州에서 지냄.
1948   진주농과대학과 해인대학(현 경남대학)에서 영어, 불어, 철학을 강의.
1954   문단에 등단하기 전 《부산일보》에 소설 《내일 없는 그날》 연재.
1955   《국제신보》에 입사, 편집국장 및 주필로 언론계에서 활동.
1961   5·16 때 필화사건으로 혁명재판소에서 10년 선고를 받고 복역 중 2년 7개월 후에 출감. 한국외국어대학, 이화여자대학 강사를 역임.
1965   중편 〈소설·알렉산드리아〉를 《세대》에 발표함으로써 문단에 등단.

1966	〈매화나무의 인과〉를 《신동아》에 발표.
1968	〈마술사〉를 《현대문학》에 발표. 《관부연락선》을 《월간중앙》에 연재(1968. 4.~1970. 3.). 작품집 《마술사》(아폴로사) 간행.
1969	〈쥘부채〉를 《세대》에, 〈배신의 강〉을 《부산일보》에 발표.
1970	《망향》을 《새농민》에 연재, 장편 《여인의 백야》(문음사) 간행.
1971	〈패자의 관〉(《정경연구》) 등 중단편을 발표하는 한편, 《화원의 사상》을 《국제신보》, 《언제나 은하를》을 《주간여성》에 연재.
1972	단편 〈변명〉을 《문학사상》에, 중편 〈예낭 풍물지〉를 《세대》에, 〈목격자〉를 《신동아》에 발표. 장편 《지리산》을 《세대》에 연재. 장편 《관부연락선》(신구문화사) 간행. 영문판 〈예낭 풍물지〉, 장편 《망각의 화원》 간행.
1973	수필집 《백지의 유혹》(강남출판사) 간행.
1974	중편 〈겨울밤〉을 《문학사상》에, 〈낙엽〉을 《한국문학》에 발표. 작품집 《예낭 풍물지》 영문판(세대사) 간행.
1976	중편 〈여사록〉을 《현대문학》에, 단편 〈철학적 살인〉과 중편 〈망명의 늪〉을 《한국문학》에 발표, 창작집 《철학적 살인》(한국문학), 《망명의 늪》(서음출판사) 간행.
1977	중편 〈낙엽〉과 〈망명의 늪〉으로 한국문학작가상과 한국창

작문학상 수상. 창작집 《삐에로와 국화》(일신서적공사), 수필집 《성-그 빛과 그늘》(서울물결사), 《바람과 구름과 비》(동아일보사) 간행.

1978 　중편 〈계절은 그때 끝났다〉, 단편 〈추풍사〉를 《한국문학》에 발표. 《바람과 구름과 비》를 《조선일보》에 연재, 창작집 《낙엽》(태창문화사) 간행, 장편 《망향》(경미문화사), 《허상과 장미》(범우사), 《조선일보》에 연재되었던 《미와 진실의 그림자》(대광출판사), 《바람과 구름과 비》(물결출판사) 간행. 수필집 《사랑받는 이브의 초상》(문학예술사), 《허상과 장미》(범우사), 칼럼 《1979년》(세운문화사) 간행.

1979 　장편 《황백의 문》을 《신동아》에 연재, 장편 《여인의 백야》(문음사), 《배신의 강》(범우사), 《허망과 진실》(기린원) 간행, 수필집 《사랑을 위한 독백》(회현사), 《바람소리, 발소리, 목소리》(한진출판사) 간행.

1980 　중편 〈세우지 않은 비명〉, 단편 〈8월의 사상〉을 《한국문학》에 발표. 작품집 《서울의 천국》(태창문화사), 소설 《코스모스 시첩》(어문각), 《행복어사전》(문학사상사) 간행.

1981 　단편 〈피려다 만 꽃〉을 《소설문학》에, 중편 〈거년의 곡〉을 《월간조선》에, 중편 〈허망의 정열〉을 《한국문학》에 발표. 장편 《풍설》(문음사), 《서울 버마재비》(집현전), 《당신의 성좌》(주우) 간행.

| 1982 | 단편 〈빈영출〉을 《현대문학》에 발표. 《그해 5월》을 《신동아》에 연재. 작품집 《허망의 정열》(문예출판사), 장편 《무지개 연구》(두레출판사), 《미완의 극》(소설문학사), 《공산주의의 허상과 실상》(신기원사), 수필집 《나 모두 용서하리라》(대덕인쇄사), 《용서합시다》(집현전), 소설 《역성의 풍·화산의 월》(신기원사), 《행복어사전》(문학사상사), 《현대를 살기 위한 사색》(정음사), 《강변 이야기》(국문) 간행. |

| 1983 | 중편 〈그 테러리스트를 위한 만사〉를 《한국문학》에, 〈소설 이용구〉와 〈우아한 집념〉을 《문학사상》에, 〈박사상회〉를 《현대문학》에 발표, 작품집 《그 테러리스트를 위한 만사》(홍성사), 고백록 《자아와 세계의 만남》(기린원), 《황백의 문》(동아일보사) 간행. |

| 1984 | 장편 《비창》을 문예출판사에서 간행, 한국펜문학상 수상, 장편 《그해 5월》(기린원), 《황혼》(기린원), 《여로의 끝》(창작문예사) 간행. 《주간조선》에 연재되었던 역사 기행 《길 따라 발 따라》(행림출판사), 번역집 《불모지대》(신원문화사) 간행. |

| 1985 | 장편 《니르바나의 꽃》을 《문학사상》에 연재, 장편 《강물이 내 가슴을 쳐도》와 《꽃의 이름을 물었더니》, 《무지개 사냥》(심지출판사), 《샘》(청한), 수필집 《생각을 가다듬고》(정암), 《지리산》(기린원), 《지오콘다의 미소》(신기원사), 《청사에 얽힌 홍사》(원음사), 《악녀를 위하여》(창작예술사), 《산하》

(동아일보사), 《무지개 사냥》(문지사) 간행.

1986 〈그들의 향연〉과 〈산무덤〉을 《한국문학》에, 〈어느 익일〉을 《동서문학》에 발표. 《사상의 빛과 그늘》(신기원사) 간행.

1987 장편 《소설 일본제국》(문학생활사), 《운명의 덫》(문예출판사), 《니르바나의 꽃》(행림출판사), 《남과 여-에로스 문화사》(원음사), 《남로당》(청계), 《소설 장자》(문학사상사), 《박사상회》(이조출판사), 《허와 실의 인간학》(중앙문화사) 간행.

1988 《유성의 부》(서당) 간행. 대하소설 《그해 5월》을 《신동아》에, 역사소설 《허균》을 《사담》에, 《그를 버린 여인》을 《매일경제신문》에, 문화적 자서전 《잃어버린 시간을 위한 메모》를 《문학정신》에 연재. 《행복한 이브의 초상》(원음사), 《산을 생각한다》(서당), 《황금의 탑》(기린원) 간행.

1989 《민족과 문학》에 《별이 차가운 밤이면》 연재. 장편 《허균》, 《포은 정몽주》, 《유성의 부》(서당), 장편 《내일 없는 그날》(문이당) 간행.

1990 장편 《그를 버린 여인》(서당) 간행. 《꽃이 된 여인의 그늘에서》(서당), 《그대를 위한 종소리》(서당) 간행.

1991 인물 평전 《대통령들의 초상》(서당), 《달빛 서울》(민족과문학사) 간행, 《삼국지》(금호서관) 간행.

1992 《세우지 않은 비명》(서당) 간행. 4월 3일 오후 4시 지병으로 타계. 향년 72세.

1993	《소설·정도전》(큰산), 《타인의 숲》(지성과사상) 간행.
2009	《소설·알렉산드리아》(바이북스) 간행.
2009	중편 《췰부채》(바이북스) 간행.
2009	단편집 《박사상회ㅣ빈영출》(바이북스) 간행.
2010	단편집 《변명》(바이북스) 간행.
2010	수필 《문학을 위한 변명》(바이북스) 간행.
2011	중편 《그 테러리스트를 위한 만사》(바이북스) 간행.
2011	단편집 《마술사ㅣ겨울밤》(바이북스) 간행.
2011	《소설·알렉산드리아》 중국어 번역본 《小说·亚历山大》(바이북스) 간행.
2012	수필 《잃어버린 시간을 위한 문학 기행》(바이북스) 간행.
2012	단편집 《패자의 관》(바이북스) 간행.
2012	《소설·알렉산드리아》 영어 번역본 《Alexandria》 간행.
2013	단편집 《예낭 풍물지》(바이북스) 간행.
2013	수필 《스페인 내전의 비극》(바이북스) 간행.
2013	단편집 《예낭 풍물지》 영어 번역본 《The Wind and Landscape of Yenang》 간행.
2014	소설 《여사록》(바이북스) 간행.

김윤식

서울대학교 국어국문학과와 동 대학원을 졸업했고 1962년 《현대문학》에 〈문학사방법론 서설〉이 추천되어 문단에 발을 들여놓았다. 한국 근대문학에서 근대성의 의미를 실증주의 연구 방법으로 밝히는 데 주력했으며 1920~1930년대의 근대문학과 프롤레타리아문학이 가지는 근대성의 의미를 밝히고자 했다. 1973년 김현과 함께 펴낸 《한국문학사》에서는 기존의 문학사와는 달리 근대문학의 기점을 영·정조 시대까지 소급해 상정함으로써 뜨거운 논쟁을 불러일으키기도 했다. 현대문학신인상, 한국문학작가상, 대한민국문학상, 김환태평론문학상, 팔봉비평문학상, 요산문학상 등을 수상했으며 저서로 《문학사방법론 서설》, 《한국문학사 논고》, 《한국 근대문예비평사 연구》, 《황홀경의 사상》, 《우리 소설을 위한 변명》, 《한국 현대문학비평사론》 등이 있다.

김종회

경희대학교 국어국문학과와 동 대학원을 졸업했고 1988년 《문학사상》을 통해 평단에 나왔다. 김환태평론문학상, 한국문학평론가협회상, 시와시학상, 경희문학상을 수상했으며 2008년에는 평론집 《문학과 예술혼》, 《디아스포라를 넘어서》로 유심작품상, 편운문학상, 김달진문학상을 수상했다. 특히 《디아스포라를 넘어서》는 남북한 문학 및 해외 동포 문학의 의미와 범주, 종교와 문학의 경계, 한국 근대문학의 경계 개념을 함께 분석한 평론집으로 평가받고 있다. 저서로 《한국소설의 낙원의식 연구》, 《위기의 시대와 문학》, 《문학과 전환기의 시대정신》, 《문학의 숲과 나무》, 《문화 통합의 시대와 문학》 등이 있으며 엮은 책으로 《북한 문학의 이해》, 《한민족 문화권의 문학》, 《한국 현대문학 100년 대표 소설 100선 연구》, 《문학과 사회》 등이 있다.